隅切り・蔵・道路案内など

文・写真・図　大西　彬

路上社

はじめに

前著「三佐木町枝線」で電柱の線名表示を追って弘前市内をくまなく歩くうちにあちこちに蔵がかなり残っていることを知り、次は蔵を見に行こうと決めていた。

蔵をやるといっても、テーマは規模、デザイン、築造年代、現在の利用状況などいろいろあってひとりではとても手に負えそうにないので、それらは全部振り払って、弘前市内の蔵の数と分布状況に絞ることにした。でもそれだけではいささか味気なくもあるので、蔵の壁面に残る家紋、屋号、鏝絵などで興味をひかれた事柄についても少し触れることにする。

電柱の線名表示を見回った時は石渡以北、旧岩木町、旧相馬村は割愛したが、今回はそれらの地域をも含めて弘前市の全域を対象にし、地図を見て道路の状況や番地の記載から住居がありそうなところは大体回ってみた。これから「弘前の蔵大全」でもものしたいという奇特な方が現れて、その参考資料にでもなってくれればと思うが、まあそんなこともないだろう。

隅切りという言葉はご存知ない方も結構おられるのではないかと思う。道路が交差するところの宅地の角の部分を三角形に切り取って自治体に寄付することにより路面を広くすることで、左右への見通しを良くすることと、車が角を曲がる際にブロック塀に接触したりする危険を軽減するのに役立っている。

古くからの街並が残る旧市街地、昭和30年代頃から徐々に宅地化した地域、その後比較的新しく計画的に開発された地域とでは、隅切りの様相はそれぞれに異なっており、中には面白い物件もある。

国道、県道など主要道路には道路案内標識板が立てられており、その先の地名、主要施設、観光地などがローマ字や英語で書かれているのだが、その表記方式がかなり区々で問題があることを指摘したいと思う。あわせて市販の地図には編集ないし改訂作業の怠慢によるでたらめが多いことにも言及した。

前々著「気になる光景」では珍妙で個性あふれる様々な表示などを中心に提示したが、消えてゆく一方で、気持ちをくすぐる無作為のささやかな傑作、怪作は次々に現れるもので、種は尽きることはない。これらをその続編としてまとめたので楽しんでいただきたい。

目次

II　蔵と鏝絵

Ⅲ　怪しい道路案内標識板

IV　気になる光景（続）

隅切り・蔵・道路案内など

I　隅切りと隅石

1　隅切り

隅切りという言葉はご存知ない方も多いのではないかと思う。小路から大きい通りへ出ようとするときなど、左右の見通しがきかずうっかりすると危険な目に遭うことがある。そんなところでは敷地の角の部分を三角に切り落とし自治体へ寄付して視野を広げることが昔から行われてきた。これが「隅切り」である。隅切りのもうひとつの目的は、車が角を曲がるときに塀や家屋の壁など構築物に接触して彼我共に破損したりすることを防ぐためでもある。車のない時代には必要性は小さかったであろうが、現在では不可欠なものになった。

この程度には知っていたのだが、殆んど意識して歩いたことはなかった。それが4、5年前、犬の散歩でたまたま北園1丁目から松森町角に至る取上2丁目を通りかかったとき、**写真1**のように殆どの角が隅切りになっているのに気付いた。ここには第三大成小学校（所在地は富田町47だが校舎も運動場も取上地区にある）があるので、きっとそれに対する配慮で、ここは特別な通りに違いないと思ったのだったが、その後注意して歩いてみると、隅切りは極めてありふれたものであることを知った。こんなにどこにでもあるものなのに今まで何も思わなかったというのは、俺もずいぶんぼやけているなと気付き、それでは旧市内の状況を眺めてみようと思い立った。

写真1

① 隅切りの分布

隅切りがどの程度行われているかを見るために、まずＪＲ奥羽線以西の弘前市内を11の区画に分けて隅切りの分布図を作ってみた。○が隅切りである。その結果、**図1**、**2**の2枚で大体の傾向を語ることができると思われるので、あとの9枚は省略することにする。

図1は私の住んでいる富士見町付近から弘前駅前に至る地域の図である。この図で分布の状況を眺めてみると、縦にⓘＪＲ奥羽線から土手町・松森町・品川町まで、ⓘⓘその線から弘南鉄

道大鰐線まで、(iii)その西側にほぼ3分することができる。

まず、(ii)の中央部分では隅切り率は25％程度とかなりまばらである。品川町より西側はかつては富田と呼ばれていて、現在の富田、富士見町、冨野町、大富町、富田町と富の字の付く町名がいくつもあるのはその名残りである。この区域の県道109号線の北側は車のことなど考慮する必要もなかった戦前からある程度宅地化していたところなので、隅切り率の低いことは当然である。南側の弘前大学（旧制弘前高等学校）、国立弘前病院（旧陸軍衛戍病院）、厚生学院（旧弘前偕行社：旧陸軍将校クラブ）の周辺もかつては人家もまばらだったところで、ここが宅地化したのは戦後であるが、宅地化が進行したのはまだ車社会の認識が薄い時期であったから隅切り率は低かったものと思われる。

写真2

写真3

これに対し(iii)の寒沢町ではかなり高率に隅切りが行なわれている。ここは土淵川沿いの低地で、私の学生時代もしばらくはまだ水田であったように思う。富士見町の線路沿いの低地も同じで、どちらもその後徐々に宅地化したところであるが、(i)の駅前一帯の整備が進んだのはこよりもさらに後である。

ⓘの駅前地区では隅切り率は90％以上に達している。私のあやふやな記憶ではここの開発が進んだのは昭和40年代後半以降で、その頃には将来の車社会の到来が明確になっていた。

このⓘとⓘⓘⓘの宅地化の時間差が、隅切りの様相に違いを生んでいるようだ。ⓘⓘⓘの寒沢町の隅切りは**写真2**のように塀のコンクリートブロック（幅39㎝）2－3個分の小さいものが最も多いが、場所によって大きさが区々で、造成時期が新しくなるにつれて大きくなる傾向があり、**写真3**はブロック9個分である。これは宅地化の進行がゆっくりしていて、その間に隅切りの必要性に対する認識が変化したことを示すものであろう。

写真4はブロック1個分の「寸志」という感じのミニ隅切りで、これはごく初期の遺物的作品である。この状況を見ると、まず隅切りがあってブロック塀が作られたあと、それをなぞるように側溝が作られたことが分かる。こんな小さい隅切りが作られることを予想して予めそれに合うように側溝を作ったとは考えられないからである。すでに隅切りの必要性が認識されはじめていたので、ここの主人も申し訳程度でもこれに応じざるをえないような状況になり、ブロック1個分という最低限の協力をしたのではないかと思ったりしている。これでも視野を拡げ事故を減らす効果は多少はあるかもしれない。

一方、ⓘでは**写真5**のように大体道路際の歩道の縁石（幅60㎝）5個分に統一されていて、寒沢町に見るような小さいもの

写真4

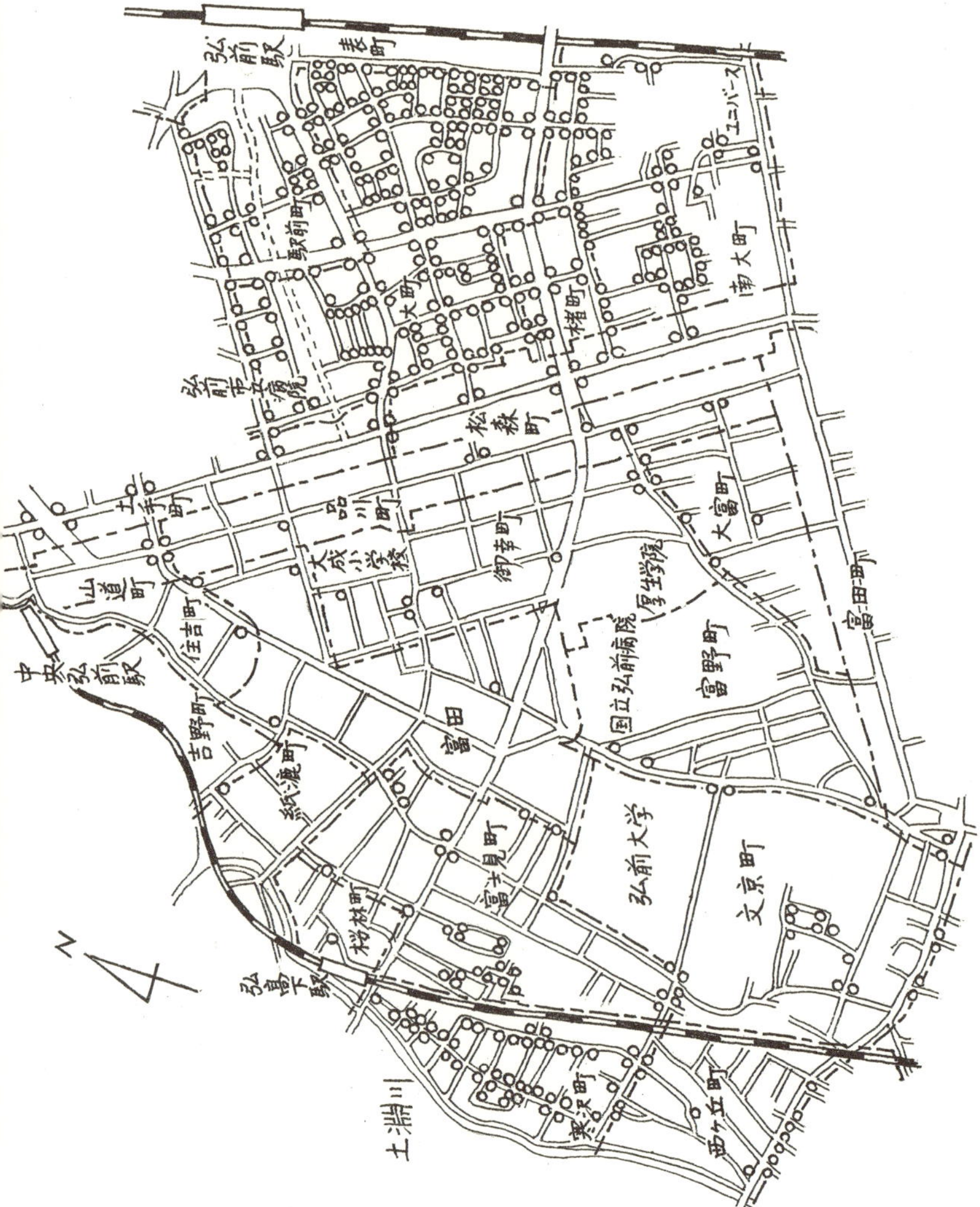
弘前駅
表町
駅前町
大町
楮町
南大町
ユニバース
弘前市立病院
松森町
品川町
土手町
大成小学校
御幸町
大富町
厚生学院
国立弘前病院
富野町
富田町
山道町
住吉町
中央弘前駅
吉野町
紙漉町
富田
富士見町
桜林町
弘前大学
文京町
弘高下駅
寒沢町
西ヶ丘町
土淵川
N

図1

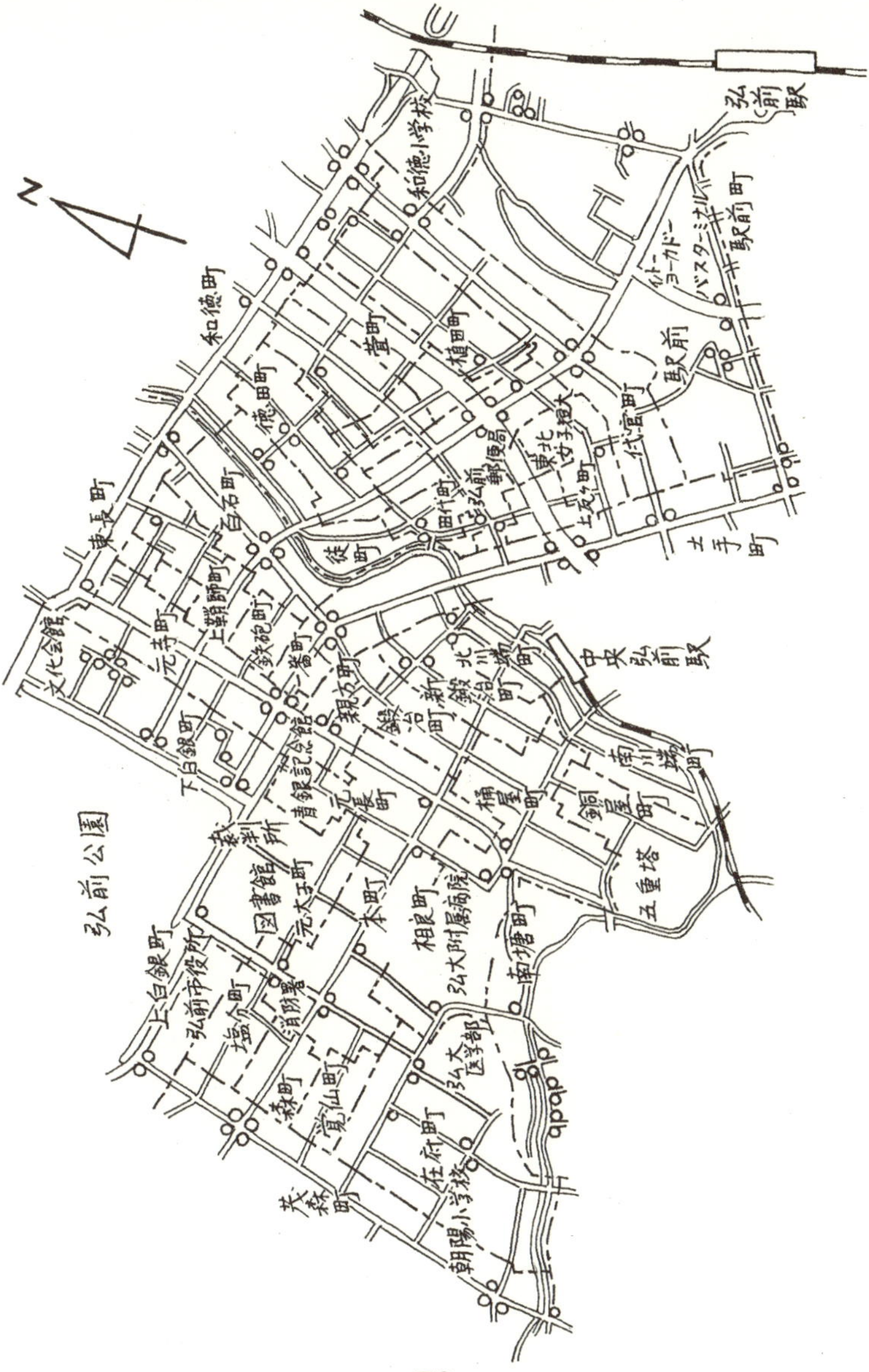
N
弘前駅
中央弘前駅
弘前公園
和徳町
和徳小学校
東長町
文化会館
元寺町
下白銀町
上白銀町
弘前市役所
図書館
土手町
五重塔
在府町
茂森町
朝陽小学校

図2

はほんのわずかであった。なお、縁石は幅60㎝であるのに対しブロックは39㎝だから、縁石2個はブロック3個分に相当する。交差点などでは場所に応じて縁石8個もしくは9個分になっており、表町で豊田跨線橋の下を通り抜けるところでは（これを隅切りといっていいかどうかは疑問があるが）13個分になっていた。

図2は旧市内のほぼ中心部で、大体古くからの町割りが残っており、隅切り率は低い。隅切りの大きさや形は区々である。

写真5

こうして隅切りの分布図を作ってみると、総じて旧市街地には少なく、この4、50年前から市街化してきた新市内には密だということがいえる。旧市街地では隅切りは限られたところにしか作られず、その状況が今もまだ残っているのである。車の通行量が増えて隅切りの必要性が生じたとしても、ほんのわずかでも新たに自宅の宅地を削ってそれを公共の道路の一部として市に寄付をするかどうかはその家の主の考えひとつだから、同じような状況の場所でも隅切りのあるところとないところが生じ、その結果隅切りの数はそれほど増えなかったと思われ、その大きさや形も区々である。つまり隅切りはもともとはそこの住民の個人的な意志によって行なわれたものであった。

これに対し比較的近年開発された地域とくに住宅団地では、そこの住民もしくは家主の意向とは全く関係なく宅地造成の段階から隅切りを済ませた（ような）体裁の道路がつくられるようになり、角という角にはほとんど隅切りが付いている状況になった。当然の結果として隅切りは基本的に形も大きさも画一的で、特に新しい住宅団地ではその傾向が強い。土地の購入者の大部分は隅切りという言葉さえご存知ないのではないか。まさに隅切りの変貌といってもいい。前者はハンドメイドあるいはオーダーメイド、後者はレディメイドといったところか。

また、このハンドメイドの古いものは形の上では隅切りをしていてもごみ置き場など私的に利用されているところもあって完全には公共化していないが、住宅団地などのレディメイドの隅切りは完全に公的な道路の一部になっていて、もっぱら交通安全に役立っている。しかし後者は画一的で、個性に乏しいのは仕方がない。見歩いて面白いのは前者の方である。

②　細長い隅切り

隅切りは通常直角二等辺三角形であるが、たまに長三角形のものもある。

写真6は北柳町で見かけた細長い隅切りで、短辺40㎝、長辺100㎝の長直角三角形である。この区域は道路が狭いので、わずかこれだけでも車の通行にはかなり役立っているように思う。**写真7**は寒沢町のキリスト教の教会近くの小さい駐車場の

写真6

隅切りで、横が72㎝、縦は手前から屈曲部までが148㎝、その先の側溝に沿う部分が100㎝ある。

写真8は土手町の餅屋、三笠屋の向いあたりから品川町の鳴海病院へ抜ける小路の角にある家で、かつては八百屋で豆腐の製造もやっていたらしい。歩道に面して短辺55㎝、長辺875㎝の長直角三角形のスペースが取ってあり、機能的には小路から出る時の右方の視野を広くするのに役立っているが、このためにこの家の造りは角が直角ではなくなっている。現在の土手町には広い歩道があって小路から出ようとする車はゆっくり進み注意すれば角に接触したり右からの車にぶつかったりする危険は少ないと思うが、かつてはこみせ、もしくはアーケイド的な構造であったから見通しがきかず、この程度の隅切りでもそれなりの役割を果たしていたのであろう。

写真7

写真8

③　角地に開いている出入り口

住宅や店舗の出入り口が角にある場合は、隅切りやそれに似た構造にならざるをえない。**写真9**は御幸町のカフェ・ホートンで、表へ出るとすぐ道路になっているので、子供づれの時などはうっかり飛び出したりして事故に遭わぬよう要注意である。

写真10は富田一丁目4のユースガーデンの庭の入口であるが、いつも閉まっており人が出入りしている形跡はない。ここは隅切り線から開き戸まである程度のスペースがあって前者のような危険は感じられないが、隅切り石を置いておく方が安全ではないだろうか。ここは2015年取り壊され、現在は更地になっている。

写真９

写真10

④　隅切りはごみ置き場

写真11は富士見町の例で、隅切り部分に名字入りのパイロンを立てて囲み、ゴミ箱を置いている。寄らば斬るぞ！という雰囲気で、公共化の意識はほとんど感じられないが、見通しを良くするのには役立っている。

写真12は寒沢町の例で、隅切りのブロック塀の外に縁石を設置して細長いスペースを作り、そこをごみの集積場所にしているが、ここは

写真11

もともと花を植えていたか、植えるつもりだったところではなかろうか。ごみネットを張る紐の一端をちゃっかりと電柱に交通標識を留めているバンドに、他端も電柱を支えている鋼線にひっかけているが、東北電力はこの程度のことには何も言わないんだね。

写真13もごみ集積場になっているが、隅切りとはいってももともと狭い道路の曲り角なのだから、こんなところにごみを置くのは問題がある。それにこちらはネットもしつらえられていないので、こういう場所ではもう少し時間が経つとカラスに引っ掻きまわされて一面にごみが散乱していることが多い。

写真12

写真13

2　隅石

隅切り石（隅石）は、隅切り部分にそう簡単には動かせない程度の大きさの石を置くもので、元来は街角の一種の目印のようなものであったらしいが、現在ではもっぱら塀の端（角）を車の接触による破損から守る役割を担っている。もっとも置かれる石は背の高いものではないから、左右への視野の妨げにはなっていない。

写真14は寒沢町の例で、小さい隅切りのブロック塀に石を立てかけ、転がったりしないように上部がセメントで固定されている。

写真15は文京町の枡形の例で比較的小さい石が2個、固定されずに置いてある。先日ここを通ったら、この数倍の大きさの石に変えられていた。

写真16は富士見町か

写真 14

写真 15

写真 16

ら桜林町へ折れる角のマナ美容室の住宅の入口である。角地の入口なので危険を避けるため隅石を置きセメントでがっちり固定してある。また、何の名残か分からないが白い鉄パイプも立っているし、角の白線の内側に電柱も立っていて、わざわざこのスペースに立ち入る者はいないのではないかと思わせる状況になっている。これだけならば写真の右方への展望はある程度きくだろうから交通安全にそれなりの貢献はできる筈だが、何のためか大きな看板のような目隠しを立てて（黒く見える部分）その視線を塞いでしまったのである。つまり隅切りの意義を自ら放棄あるいは拒否した形になっているという奇妙な1例である。

隅切り石には石以外のものが代用されていることも少なくない。

写真17は城南1丁目のもので、ブロック1個分のミニ隅切りである。あまりに小さくて隅切り石を置くスペースもないので、三角形の小さいブロックを4段目まで積んで接合することで代用しているように見える。

写真 17

写真 18

写真 19

写真18は富士見町のもの。隅切りの幅はブロック

2個分で、前に三角形のブロックを2段目まで積んである。ちょっと腰を下ろせるくらいだが、3、4段目まで変色しているところを見ると、散歩の犬の御用達の場かなと思う。御用心。

写真19は東松原の例で、赤く着色した石とコンクリート製の廃棄物が宅地の角というよりも大部分が公道部分にはみ出た状態で置かれており、Out of bounds ペナルティの対象である。

写真20は駅前三丁目の横山接骨院で、隅切り線と道路の境目に石の代わりに鉄パイプを刺したコンクリート塊が置かれており、この内側は駐車スペースになっている。

写真21は城南4丁目で、手前の角は隅切りをしているが、向う角はしておらず、縦長のコンクリート塊を置いて自家の敷地であることを強調している。これがないと、壁に立てかけてあるガスボンベが危ないかもしれない。

写真22は徳田町の金子内科クリニック前の駐車場で、隅切り線の内側に接するようにコンクリート製の花壇を置き、その中にクリニックの看板が立てられている。花壇の外にも大きな看板が立て

写真20

写真21

写真22

られていて、多少視野を塞いでおり、完全には公共化していない。ここは俺のところという意識がまだ多分に残っているように見える。

写真23は品川町3の角にあるロイヤルマンション福原の前である。角の先端部分に直角二等辺三角形のコンクリート製の花壇が作りつけられており、その内側には歩けるように幅約72㎝の溝が作られている。この溝が隅切り線で、その外に隅切り石が置かれているように見ることもできるかもしれない。見通しを良くするのには役立っているが、実際に歩いている者にとってはこの花壇の部分がかなり邪魔な感じがする。

写真23

写真24

隅切りはしてないが**写真24**のようにブロック塀を角の手前で止めて、隅切りをしたのと同じような配慮をしているところがある。それでも強引な運転でブロック塀の端とか側溝の蓋を壊されるようなことがあったのか、今後はそんなことがないようにと、その先に黄と黒の警戒色で彩色したブロックを積んだようで、隅切り石と同じような役割を演じさせているように思える。

II　蔵と鏝絵（こてえ）

はじめに書いたように、前著「三佐木町枝線」で弘前の市街地の電柱の線名表示を見まわるうちに小栗山、松木平、大沢など郊外の農村部には蔵はまだ多く残っていることを再確認し、次は蔵を眺めることにしようと思っていた。

ひとくちに蔵といってもさまざまなものがあるので、どの程度のものを蔵として扱うかが問題だが、私なりにテキトーな判断で、一応それなりの形を備えているものを対象にした。漆喰の上塗りのない土壁だけのものや、放置されて崩れかけているようなものも数に入れたし、石蔵も仲間に入れた。煉瓦造りの蔵も入れた。ただコンクリートブロック積みのものは除外した。妻の破風の装飾のデザインを欠いているものや、あっても甚だお粗末なものは殆ど除外したが、それを欠いていても蔵らしい風格の感じられるもので数に入れたものもあり、その時の気分で多少判断が揺れたのは仕方がない。

1　小沢野元の蔵

久渡寺新寺町線のバス停小沢北口から梨の木までの沿線には蔵がかなり残っている。しかし一般に保存状態はあまり良くなく、上塗りのない土壁がかなり崩れていたり、現在はもう使われていないらしいものもある。

その中で野元のバス停の近くに写真25のような蔵があった（図4※）。ところどころ剥落してはいるが、橙黄色の上塗りと鏝絵による装飾がある。妻（建物の長方形の短辺のこと、長辺は平という）の一側には屋号の「〈駒」の字（写真26）、反対側には「駒」の字だけが書かれている。小沢地区ではこのほかに屋号の付いている蔵が二つ

写真 25

写真 26

あったが、いずれも山の印であった。電話帳を見ると、このあたりには山形という名字の多いことが分かった。

村上善男「北奥百景」に「土蔵の街並（小沢）」という一文があり、このあたりの蔵のことが書かれている。『一昨年の秋も深まったころ、久渡寺に出かけたことがある。私はバスの車窓に身をのり出すようにして唸りつづけた。小沢村庚申塚のあたりから坂本橋（坂元橋のこと）にかけ、街道の右側は今まで見たこともない型の土蔵（作業小屋を付属させた蔵）が次々に姿を現して、驚かせた。

あらためて訪ねてみた。久渡寺方向に向かって右側に、三十九、左側に十、の計四十九の蔵があった。土蔵のある街道すじの景観として、これほど知られていない場所もめずらしいのではあるまいか。山型に駒の字を配した「屋号」の蔵の持ち主の農業、石岡駒雄氏によれば、先代駒吉さんの造ったものだという。冬期は大工仕事をしていた。

琥珀色の壁は、戦中に、空襲をおもんぱかって硫酸鉄を吹きつけたときのものだった。奇妙な土蔵の色彩のなぞは解けた。駒吉さんがこてで造った鶴亀がおもしろい。』と。まさにこの写真の蔵のことである。

この本の出版は1988年であるが、「美のプロムナード」という東奥日報文化欄連載のエッセイ百回分を一冊にまとめたもので、足かけ3年津軽を中心に歩いたとあるので、村上先生がここを訪れたのは今から30年ほど前のことになる。

この蔵の平（ひら）にある二つの窓の開き戸のそれぞれ向かって左には鶴（写真27）、右には亀（写真28）が描かれている。どちらも長寿のしるしとしてめでたいものの代表で、こういうところではしばしば対になっている。遠目に一瞥して通り過ぎるだけならとくに気付くこともないかもしれないが、私はこういうものに接すると、生物学的にどれだけ正確に描かれている（造られている）ものかと思って眺めるのが習慣になっており、この鶴亀も気になる点が少なくない。鏝絵は造形であるから、なにも素材の姿形を忠実に写す必要はないのだが、実際とあまりに違いすぎると、ちょっとこれはどうなのかなという感じがするからである。

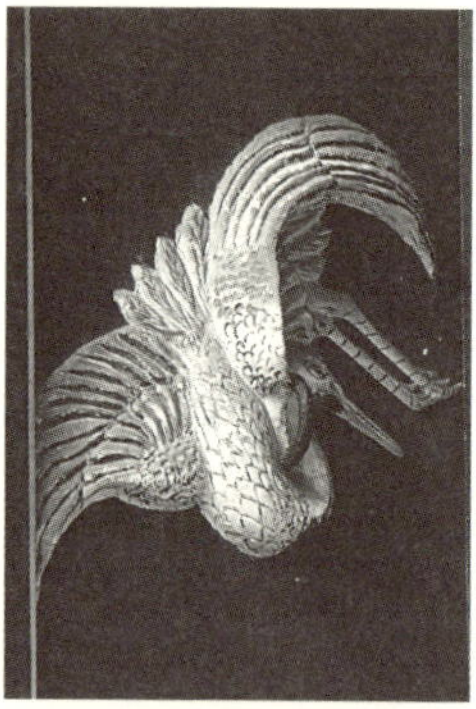
写真 27

写真 28

まず鶴の方は金色に光ってなかなか豪華であるが、果して飛翔中にこのように首を左の腹の下に入れるような窮屈な姿勢をとることがあるのだろうかと思う。それと、左翼は曲げ方が不自然なのと、先端の初列風切と肩の間の部分（初列雨覆）がむやみに長いのも気になる。

次は亀である。蓑亀はイワガメやクサガメなど淡水亀の背に緑藻類が生えたもの。四肢は陸地を歩くのに適していなければならないから、この脚の形はいいとして、耳が付いていたり、首がにょろりと長かったり、目や口が大きいなど奇怪なところがある。また、カメの背甲は、中央部に椎甲板が縦1列に並びその両側に肋甲板、それを取り巻くように辺縁部に縁甲板が並んでなければならないのだが、この亀ではそういうことにはお構いなく、単に均一な亀甲模様を甲羅形に切り取って貼り付けたようなものになっている。

季刊「銀花」第49号（昭和57年）に「豊の国の鏝絵」という特集があった。豊の国とは産物が豊かな土地という意味で今の大分県のことである。ここが恵まれたところであったのはキリシタン大名大友氏がこの地を治め海外貿易で栄えた時代までであって、その後秀吉の時代になると、この地の本来的な豊かさを恐れてのことと思われるが、徹底的な分断政策がとられ、それは江戸幕府によっても引き継がれた。8つの小藩に分割されたほか、天領や隣接する諸藩の領地なども錯綜し、抑圧的で自由度も低く庶民の暮らしは楽ではなかった。それが明治時代になって抑えがとれると家や蔵が競って新築され、その昂揚した気分の表れのひとつが鏝絵だというのである。鏝絵のある建物の多くは明治時代に建てられたもので、最も古いものでも江戸時代末期であるという。

特集では31頁にわたり38の鏝絵が紹介されており、それらは虎、恵比寿、大黒、牛若丸と弁慶、龍、布袋、うさぎ、唐獅子牡丹、大黒・福禄寿の散髪、鷲、高砂、鯉、洋傘、かぶ、熊谷直実、波に船、浦島太郎、小槌と鍵、富士山などである。これらがある場所は蔵23、母屋10、廐4、商店1、酒蔵1である。

その中に写真29のように、海を行く宝船の帆に、亀に乗っている恵比寿の描かれたものがあるのだが、その亀が右の野元の亀どころでなく怪しい。拡大すると写真30のようにやはり頭には耳があり、口は大きく、首は長く蛇腹のようになっている他に、脚は長く頑丈で爪があり走るのが速そうだし、蓑が背甲の下から生えているのもおかしい。

そもそも鯛を抱いた恵比寿が乗るのは常識的に海亀であるから、四肢は鰭状でなくてはならないし、淡水亀のような蓑を生やしている筈もない。また、この写真の亀では中央の椎甲板が1列でなく2列になっているようだし、縁甲板はむやみに厚くてまるで水洗トイレの便座のような感じになっているなど奇妙なところ満載である。

こういう図柄は左官の独創というより、先人の残したさまざまな作品の中にある図に倣って作られたものが多いと思われる。はじめは神話か何かのいわれがあってこういう異形の亀の絵が生まれたものが、後にはそのいわれが忘れられて形だけ残って、それが少しずつ変化したと

写真29

写真30

いうことかもしれず、間違いだと決めつけるには躊躇されるところもある。あるいは亀にも耳はあるだろうという程度の単なる知識不足による場合もあるかもしれず、その他の特徴についても同様である。

野元の蔵に戻って、**写真31**は窓の上の唐草模様であるが、他の部分（**写真32**は窓の下、**写真33**と**34**は平から妻へ移行部の角に見られるもの）もすべて唐草である。唐草といっても特定の植物を指すわけではなく、蔓草が這ったり絡んだりしているさまを図案化したものの総称で、植物図案のなかでは最も多いものである。かなりデフォルメされているので、じっと見つめていてもどこがどうなっているのかはよく分からないものが多い。

村上先生は「駒吉さんがこてで造った鶴亀がおもしろい」と書かれているが、実際に駒吉さ

写真31

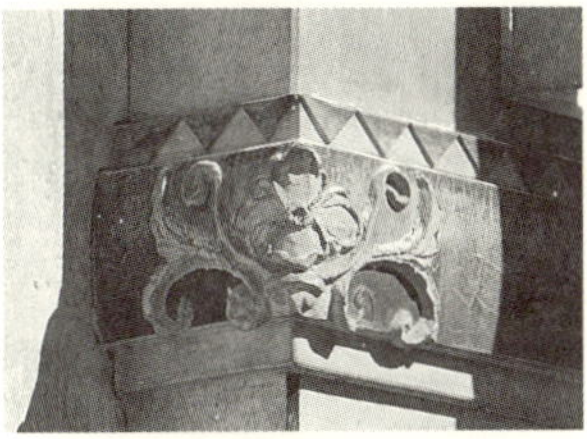

写真32

写真33

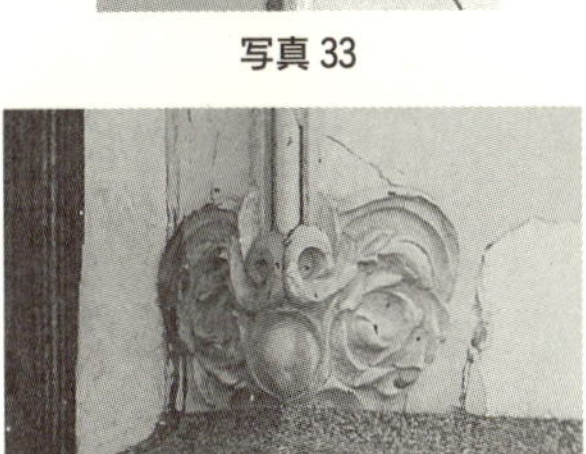

写真34

ん本人が造ったことを家族に確かめてのことなのか、それとも単に先生の推測なのかははっきりしない。というのは、駒吉さんは農家で、冬は大工仕事をしており、左官としての腕前がどの程度であったのかは分らないが、鏝絵はそれなりの修練を積まなければ作ることは難しいとされているからである。もし駒吉さんがこの鏝絵を作る技術を持っていたとすれば、小沢地区にある多くの蔵の何棟かには鏝絵が残っていてもよさそうなのに、ここ以外には残っていないということは、やはり専門の左官を他所から連れてきて作らせたものではないかと思うのである。

野元の蔵には窓の金輪の付け根に家紋らしい模様の付いているところが何カ所かあった。**写真35**は桜紋、**写真36**は唐花紋、**写真37**は反り平角（?）、**写真38**は石（こく）持ち紋である。**写真39**は梨の木の蔵の妻に付いている将棋駒紋である。

写真 35

写真 36

写真 37

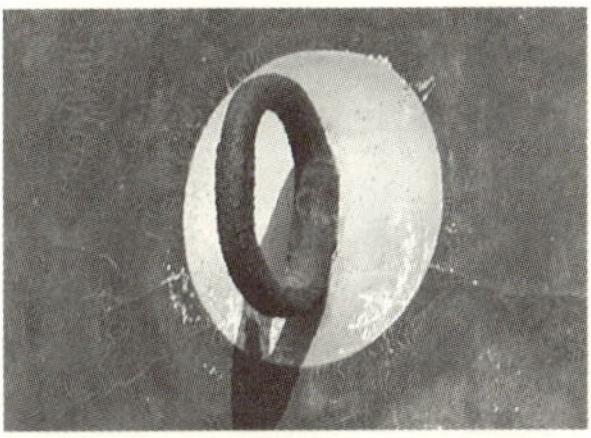
写真 38

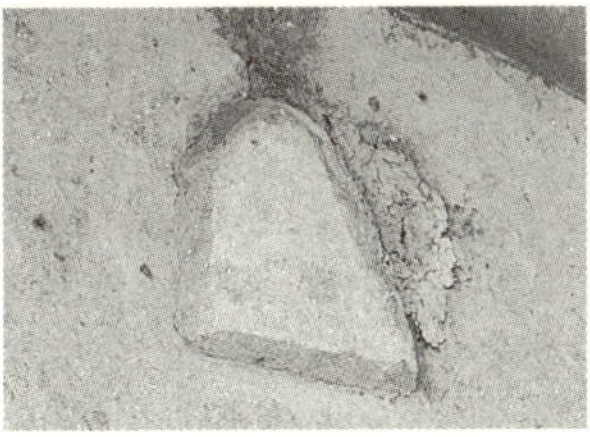
写真 39

2 木瓜（もっこう）紋

小沢神社の向いに大きな蔵がある。繁茂した垣のサワラに隠れて道路からはよく見えないのでちょっと垣の内に入らせてもらって斜めから見上げると、写真40、41のように「丸に木瓜」紋があった。木瓜紋は今回弘前の蔵を見回ったところでは最も多く見られた紋であるが、実は何を図案化したものかがよく分かっていないのである。

本田總一郎監修「家紋大全」には次のように書かれている。「木瓜・窠・瓜（もっこう・か・か）木瓜はユキノシタ科のバイカアマチャの別称だが、木瓜紋はキュウリやカボチャの切り口の図案化だという説と、バラ科の蔓性常緑低木の木香バラという説がある。別名窠紋と称すが鳥の巣の図案化という説には疑問。」とあり、モッコウバラのイラストが載っている。

ということは、モッコウバラを第一候補にあげているように思えるのだが、どうだろう。まず、バラ科の花は基本的に5弁であることと整合しない。本種は中国名が「木香花」で花は八重咲きである。八重咲きのものを図案化してこういう紋を創る

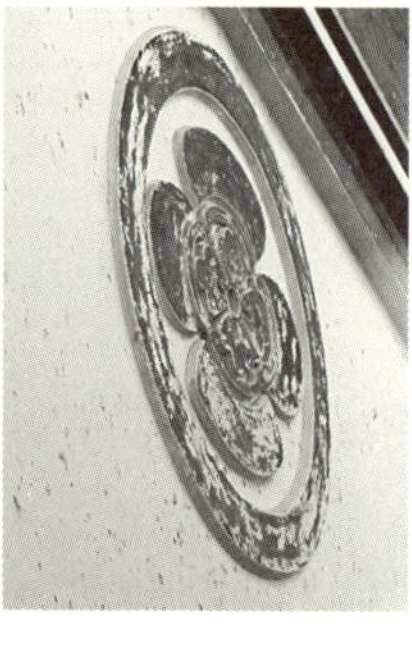

写真40

写真41

だろうか。それに、本種が中国から入ったのは江戸時代中期（岩崎常正の「本草図譜」による と1716―1736年）であるが、この紋は遥かそれ以前、平安、鎌倉時代から用いられているこ とからも否定的である。本田氏はこのことを御存知なかったとみえる。中国名が木香花である のに乗って唱えられた説ではなかろうか。

次はバイカアマチャ説である。アジサイ属に近いバイカアマチャ属の1属1種。両性花の花 弁は4だから、前者よりは可能性はある。学研の国語大辞典で「もっこう」を引くと「もっこ う（木瓜）　ゆきのした科の落葉低木。西日本の暖かい山地に自生し、葉は茶の代用になる。梅 花甘茶」とあり、モッコウ＝木瓜＝バイカアマチャで、木瓜紋はバイカアマチャと直結しそう な表現になっているが、ここは慎重な判断が必要かもしれない。

「家紋の話」（泡坂妻夫）と「日本の紋章」（渡辺三男）による と、この紋は窠（か）紋といい、鳥の巣をかたどったもので、唐代 の官服にも用いられたものだが、早くからわが国に伝わり織物にし て御簾の上部を飾る帽額（もこう）に用いられていた。そして木瓜 はこの帽額の当て字だというのである。**写真42**は「窠に霰」と「窠 に唐鳥」で、右は巣の中に鳥のいる図である。因みに「窠」とは地 上に営まれている巣のことで、樹上にあるのが「巣」である。

窠紋は織物に織られたり公家が車や衣装の紋に使ううちに、

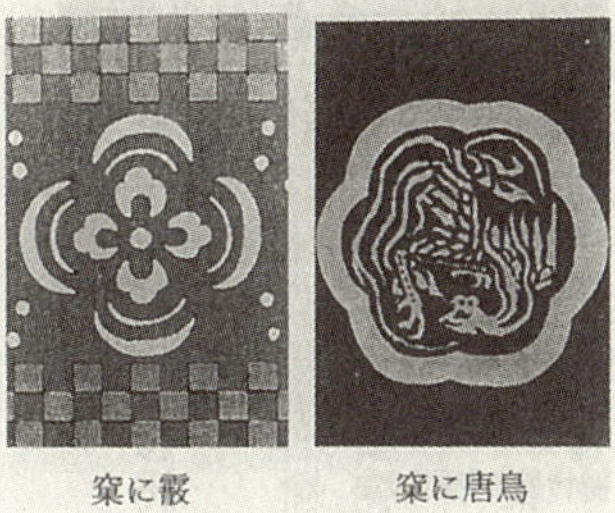
窠に霰　　窠に唐鳥
（『文様の手帖』小学館刊より）

写真42

およそ原形を想像するのが困難なほどさまざまに変化した。写真43は五（つ）瓜に唐花で、織田信長が用いていた織田紋もこのようなものであった。これが写真44のように瓜が４つの木瓜紋として形が整うことになり、全体が丸いものを四方木瓜、写真41（丸に木瓜）（前々頁）のように楕円形のものを横木瓜と呼んだが、図形の完成美の高さから現在は木瓜紋といえば後者を指すようになった。

ここまで変化の道筋を示されれば鳥の巣説を信じざるをえないが、帽額の当て字がなぜ木瓜なのか、いまひとつすっきりしないところもある。というのは木瓜の読みはボッカ（ボックワ）、モッカ（モックワ）であるから、これをモッコウ（モッカウ）の当て字としたことに無理はなかったかどうかである。無理はなかったとしてもこういう煩わしい誤解を生むかもしれぬ字を当てたことは適切ではなかったのではないかと思う。

肥前大村藩主大村氏は木瓜紋（大村紋）に替紋として「瓜の葉紋」を併用したというが、これは木瓜を俗に瓜と称するために誤ったものだとされている。大村藩のおえら方は木瓜を瓜だと思い込んでいたから何のためらいもなく瓜の葉を用いていたわけで、こういう認識は意外に広まっていたのではないかという気もする。木瓜は瓜ではないのに「瓜」という字を用いた

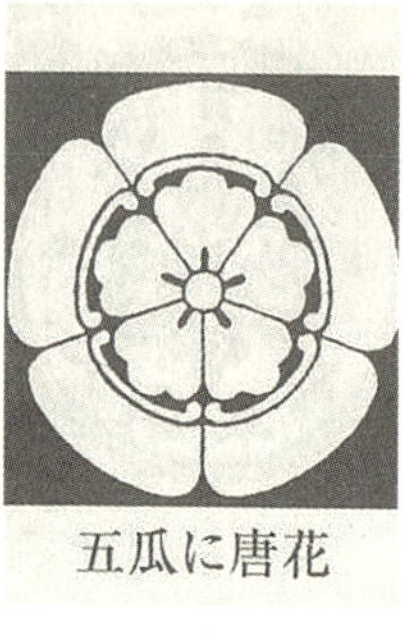

写真43

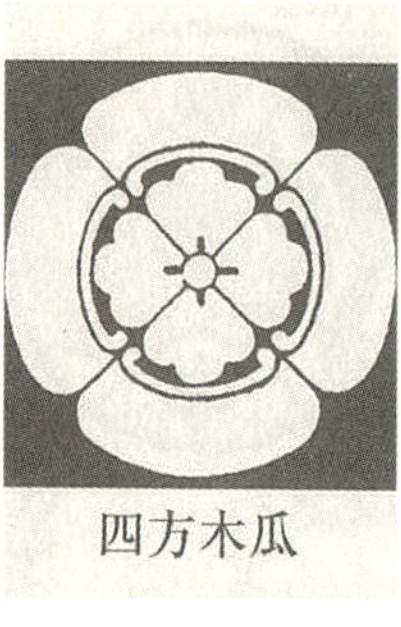

写真44

がために、原形が瓜そのものであるかのような誤解を生んだということになるからである。更に、右の瓜の葉紋のことは「日本の紋章」（渡辺三男）に書かれているのだが、そこに示されている古書「武鑑」に瓜の葉紋として示されているものは何と「梶の葉」紋（写真45）なのである。この点について渡辺氏は問題視していないが、大村藩は木瓜を瓜だと勘違いしていただけでなく、さらに瓜の葉と梶の葉を取り違えていたということにもなる。

右の「家紋大全」では木瓜紋と瓜紋は別になってはいるが、各々に収載されている紋を較べてみると、互いに似かよったものがかなり含まれていて、単に名称が異なっているにすぎないものもある。例をあげると徳大寺花角（家紋の話）（写真46）という紋がある。これは公家徳大寺家が初め車や衣装の文様に用い、のちに家紋にしたものであるが、この外に家紋大全の木瓜の項では徳大寺窠、同じく瓜の項では徳大寺瓜、日本の紋章では徳大寺木瓜というふうにさまざまによばれている。

結局、木瓜紋が何を図案化したものかは結論は出そうにないということを再認識させられた。

この項の最後に少しばかりふざけておこう。木瓜をキウリ（キュウリ）と読んでそれらの実の切口の図案化だと言われれば、俗説だと決めつけられていても、一応は実地に当ってみたくなるものである。

写真46

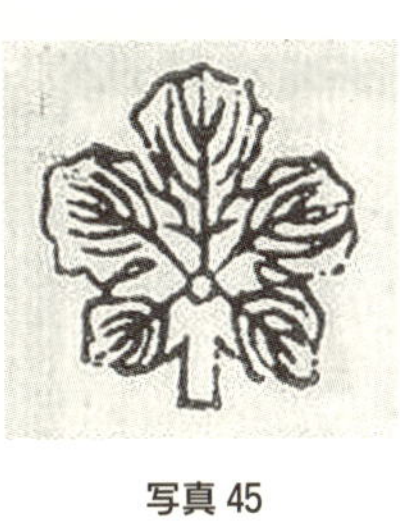

写真45

写真47はメロンの横断面である。中央部の胎座（俗に「わた」と呼ばれる）は3つに分かれている、というよりそれぞれが側壁の果肉から生えてきて、中央部で頭を接しているような形になっている。写真48はこれをそのまま図案化してみたものであるが、とても木瓜紋とは結びつきそうにない。しかし、このメロンの断面を眺めているうちに、これは葵紋（写真49）の原形ではないかという気がしてきた。もちろん葵紋はウマノスズクサ科のフタバアオイが素材である（あるとされている）が、この紋の考案者は瓜の断面をも見ていて、この胎座をフタバアオイの葉に置き換えたのではないかとふと思った。瓜のぎっしり詰まった種と葵紋の葉脈の感じがよく似ているではないか。更にフタバアオイの葉を調べてみても、その葉脈と葵紋の葉脈はだいぶ遠い感じがするからである。徳川家の紋は葵紋などではなくて瓜紋だったというのが戯大西説であるなどと書いて悦に入っていた。

ところが今年、「THE 博学」というクイズ番組で「江戸時代、武士がキュウリを食べなかった理由」の答えが「切口が葵の御紋に似ているから」であることを知り、がっかりしてしまった。そうだよね、考えてみればこの程度の連想なら比較的簡単に生まれそうだ。お粗末でした。失礼しました。

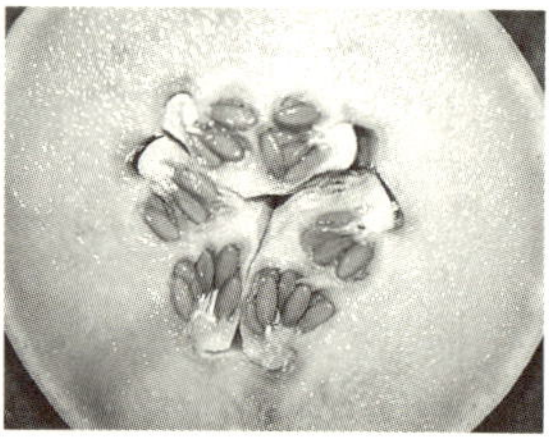
写真 47

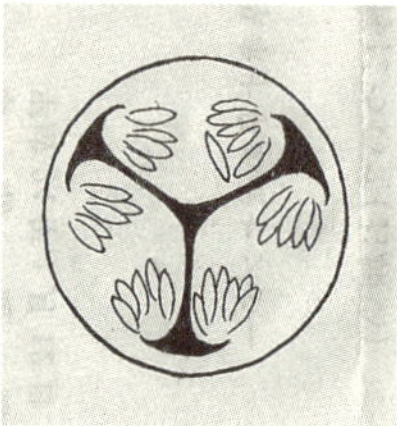
写真 48

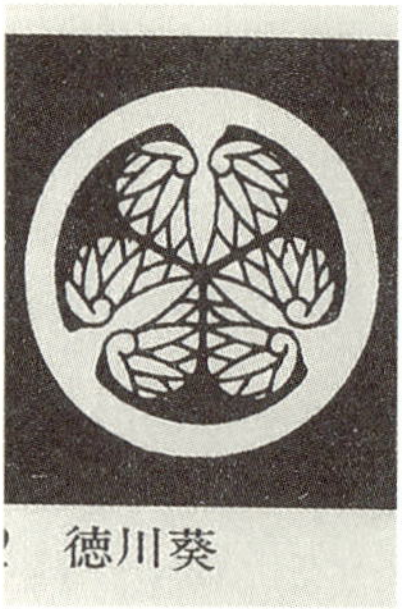

写真 49

3　土蔵の歴史と鏝絵

わが国において土壁の建造物はいつ頃からあったものであろうか。群馬県茶臼山古墳出土の家形埴輪に納屋と思われるものがあり、土壁塗籠（ぬりごめ）ではなかったかといわれているが、それ以上ことは分からないらしい。しかし、土が火に強いことは土器焼成の経験から知られていた筈であるし、古事記の記述などからも土壁のあったことは確かなこととされている。

仏教伝来とともに仏寺建設のための技術が導入された。世界最古の木造建築物である法隆寺の創建は670―710年頃とされ、その金堂、五重塔の内壁には壁画が描かれている。この壁画の下地はヒノキの小割材を格子状に編んで木舞（こまい）をつくり、その両面に組成の異なる土を3回に分けて塗り、最後に白土を塗ったもので、基本的には現在の土蔵建築の手法と異なるところはない。しかし、このような白土上塗りは宮殿、寺社に限られ、殆どは荒壁のままであった。

藤原頼長は1175年保元の乱で非業の死をとげた人であるが、彼は当代随一の蔵書家で、その膨大な書籍を収納するために自邸内に文倉（書庫）を建てた。その4壁はすべて板張りで、その上を直接石灰で塗り籠めたものであった。防火上、塗材は土でもいいわけだが、それでは板との接着力が弱く剥落しやすいのと、見栄えも考えて石灰を選んだものと思われる。しかし、これでは厚い塗層を作ることは困難であった。その点、木舞下地に土壁をつける現在のような土蔵形式をとれば壁厚を30㎝以上にすることもでき、防火効果は格段に大きくなる。

13世紀初頭の京都下京界隈では土倉（つちぐら・鎌倉、室町時代の豪商のこと。土蔵造りの倉庫を構えていたのでこう呼ばれた）員数を知らずといわれるほどに土蔵的建物は普及していた。頼長文倉より150年ほど後に成立した春日権現記絵巻には、応仁の乱で焼け野原になった京の街の様子が描かれているが、その中に全体が白く塗り籠められた土蔵と思われる建物の傍らに避難してきた人々の姿が見える。この頃になると、単に壁といえば板張りのことではなく、土壁のことを指すようになっていた。平安時代後期以降には石灰の生産量も増加し、白土上塗りは増えつつあったが、それでもなお有力者の邸宅の一部に施される程度で、庶民にはまだ高根の花であった。

南北朝から室町時代には土壁を城郭に使用する例が現れてきた。しかし、当時の城は緩急の際に立て籠るところであったから、荒壁程度で何ら差し支えはなかった。

近世城郭は織田信長の安土城（1577年）に始まる。内外に贅を尽くしたが、外装は大部分が板張りで、塗籠は軒裏と窓から上の小壁だけであった。それに続く豊臣秀吉の大阪城（1585年）も同様で、どちらも城主の居城であり接客機能を重視した施設でもあったから、全面的に総塗籠を採用することにはならなかった。ところが1601年から1610年にかけて建設された姫路城は完全に総塗籠であり、以後幕末までに建設された城はすべて白壁となった。それと共に天主のもっていた接客機能などは他へ移され、城は望楼、戦闘指揮所、籠城の拠点として特化した。

1620年大坂夏の陣が終息すると城郭建築ブームは低調となり、当然のことながら左官の多くは仕事を失ったわけである。幕府はそれまで奢侈を戒める意味で土蔵造りを制限していたが、度重なる都市の大火対策として瓦葺とともにこれを積極的に奨励する政策に転じ、これが左官の失業対策にもなった。城郭建築ブームのなかで左官の技術水準は全国的にほぼ平均して発展し、石灰の生産量も飛躍的に増加していたから、漆喰塗籠の蔵造りは一般町家に急速に広まっていったのであった。

耐火建築としての土蔵で最も重要なところは、火災時に戸前（とまえ・主出入口のこと）から火が入らぬようにしっかり作ることである。また、この部分は土蔵の顔に当たるところでもあるから、華麗な装飾が付されるところにもなった。関西ではここにせいぜい家紋を付す程度であったが、中部日本以東、特に関東では様々な図柄の鏝絵の見られるところが多い。

この鏝絵を漆喰芸術と呼ばれるほど高度な水準に引き上げたのが入江長八（1815-1889年）である。彼は伊豆松崎の生まれで、12歳で左官棟梁に弟子入りし、さらに狩野派の絵を学んだ。1839年父の病没を機に郷里に帰り、以後伊豆から江戸にかけてを活動範囲としてさまざまな名作を残した。彼は戸前の装飾だけでなく、建築の他の部分にも作品を残しており、中でも1880年に竣工した静岡の岩科小学校客間の小壁の千羽鶴は有名である。昭和59年松崎町に長八美術館が開館し、彼やその弟子たちの作品が収められている。最近、長八の生誕200年を記念して作品の図録が出版された。

4　弘前の蔵

以下は弘前全域の蔵を探しに歩いた結果である。旧岩木町、旧相馬村も含めて蔵のありそうなところは万遍なく歩いた。前著で電柱の線名表示を見に行ったときは一本〳〵表示を確認する必要があって結構大変だったが、今回はあたりの風景などを楽しみながらゆっくりと歩くことができた。

この項の最後（P79～92）に蔵の分布図（図3―16）を置いたので、それを眺めながら本文を読んでいただきたい。○は蔵、◉は石蔵であるが、石蔵であることをチェックし忘れたものもあると思う。立派な軒の木組や鏝絵のあった蔵には（※）をつけておいた。また、それぞれの図の縮尺は異なるので注意していただきたい。

ちょっと横道に入るが、蔵の数え方を御存知だろうか。「戸前」というのだそうである。私は毎日夕方5時30分から6時20分までNHKテレビの小児番組を見ているのだが、その中の「フックブックロー」で物の数量や順序を表す数詞のことが出てくる。紙は1枚、2枚、小舟は1艘、2艘、大きな船は1隻、2隻、タンスは1棹、2棹、羊羹も1棹、2棹、……そして或る日、「1戸前、2戸前」が出てきたのである。これは蔵の主出入口の戸、または戸のある所のことなのだが、それが蔵の数詞としても用いられるようになったもの。こういう数詞があろうとは思ってもみなかったので、この原稿では何のためらいもなく「棟」を用いていた。しかしこの言葉を知ったからには「戸前」に直すべきかなという気もしたのだが、わざわざこんな古めかしくてあまり知られていないような言葉を使うのも滑稽だし、いかにも「おべだふり」しているようで妙な感じがすると思い止すことにした。そもそも小児番組でなぜこんな言葉が取り上げられたのだろうか不思議である。

①　小沢・一野渡・大和沢・狼森・千年

図4の左側は小沢地区で①の庚申塚から⑥の小沢温泉までほぼ一直線で約2.5㎞ある。地形を見ると、道路の西側は高く、蔵は殆どが道路際に立っているのに対し、東側は土淵川に向かって低くなっており、蔵は道路際から少し奥まったところにあるものが多い。右の鏝絵のある石岡家の蔵の所在地には※をつけておいた。

先に「小沢・野元の蔵」のところで村上先生の文章を掲げておいたが、それには「久渡寺方面に向かって右側に39、左側に10の計49の蔵があった」とある。あの頃から少なくとも30年ほどは経っているのだから、だいぶ少なくなっているのではないかと思いながら同じ区間を歩いてみると、**図4**の如く、右側に41、左側に38、計87と、なんと村上先生の1.8倍もの蔵が見つかったのだった。このあたりの蔵が30年ほど前にはどれくらいあって、その後どれくらい数を減らしたのかは分らない。しかし、ここは純農村地区で殆ど開発の手も及んでいないので、当時とあまり変わっていないのではないかとも思われる。

それにしても何故こんなに違うのだろう。図の左側（西側）では、殆どの蔵は道路際に立っていてすぐ分かるのに対し、右側（東側）では道路際から15—30ｍほども奥まった所に立っているものも多く、それらは住宅や木々に隠されていたりして見つけにくい状況になっている。少しだけその家の前庭に入ってみたり、茂った木の枝の間を透かし見たり、脇道に入って裏から眺めてみたりしないと見逃してしまうのだ。そういう状況はどこにでもいえることで、残念ながら余程注意していても気付かなかったものはまだあるかもしれない。同じ道をバスに乗って通りかかると、建物の後に蔵の屋根らしきものが見えることがあり、後日確認に行くこともある。きっと村上先生はこのあたりをさらっと歩かれたからであろう。

小沢から墓地公園を通り右下の一野渡に至る一帯は起伏のあるりんご畑で、通りかかったときは早生品種の収穫が始まった時期であったが、「クマに注意」の立て札も見え、びくつきながら山を降りた。

一野渡では西側のりんご畑につながるところは標高が高く、そこから20—30ｍほど急な坂を下ると中央の道路に出、その東側は大和沢川に接した低地になっており、蔵はこの両方の地域の比較的狭い範囲に46棟集中している。蔵も住宅も立派なものがあり、蔵には屋号の見えるものも少なくなく、かつてはこうして競い合っていたこともあったのだと思わせる。

カメラを肩にかけ地図とペンを手にして歩いていると、道端でたむろしている年寄りに行きあう。こちらを窺うようにしてから「何屋さんだべ」と訊く。こんなことは度々ある。「何屋さんでもないよ。このあたりに蔵がどれくらい残っているものかと思って見にきたんです。」と答える。

この老人たちと話をしたところは中心の道路から川沿いに分岐した300 mあまりの裏通りであるが、ここにも6棟の蔵があった。蔵はかつては農家にとって必要不可欠のもので、収穫してきたリンゴをそこで選別し、保管し、荷造りして出荷するなど様々な作業の場であったが、今は収穫してきたものをすぐ農協へ持って行くから、大抵の蔵はもうガラクタ置き場でしかなくなった。それに、かつて蔵が活躍していた頃はこんな細い道路でも通行や運搬にさしたる問題はなかったのだが、車の時代になって、道路際に並ぶ蔵が除雪の邪魔にもなっているという。壊そうにも1坪25000円ほどもかかるからそのまま放置してあるところが大半だという。

元来大切なものをしまっておく蔵が水に浸かったのでは元も子もないから、通常は高い所に造られたが、土地の制約があってやむなく川のそばなどに建っているものもある。今まではずっと危ないことはなかったといっても、近年の地球温暖化の影響で天候の変化が荒々しくなり、「何十年に一度」というような大雨や大風が毎年のようにどこかで起こるようになって、そんな表現がぼやけつつある感じさえするが、大半の蔵はもはや役割を終えているので、もう水に浸かったところで大したことではなくなったのかもしれない。

図4の下端の⑧から1.5㎞ほど進むと座頭石に至る。ここは弘前の中心部から9㎞ほど南にあるちょっとした行楽地で、小学生の遠足には絶好の場所である。娘達が小さかった頃は犬も一緒に連れて行った。ニジマスの養魚場で釣りをしたあと、茶屋でそれを刺身と空揚げにしてもらったものである。その後もひとりでここから東北自然道を何㎞か進んで⑦久渡寺に至り、ここで少し休んでから小沢を通って帰ったことが何度かあった。

蔵は一野渡では46（道路の西側に34、東側に12）あったが、見落としているものもあるかもしれない。このあとここから北へ向かう道路やその裏通りには蔵が点々とあるが、大和沢地区には14、アップルロードから北の狼森地区にも14、千年の自衛隊方面への交叉点付近には20ほどまとまっていた。

写真50は狼森の蔵のひとつであるが、蔵が単独で立っているのではなくて、大きな屋根の下に建物の一部として組み込まれているような形になっているものが多く見られる。大きな屋根の親が子供である蔵を大事そうに脇に抱えているような感じがするのである。こういう形は他の地区でも見られるけれどもこのあたりでは特に多いような気がしている。母屋はこれとは別

写真50

写真51

になっている。

蔵は小沢地区のものとほとんど同じであった。屋号の付いているものが数件あったが、狼森地区に写真51のごとく「イ印」というのがあった。「イ」だけならまあ普通の屋号の範囲内だろうが、何故「印」を付けることになったのかが分からない。窓の下に葉付きりんごを2つ並べたと思われる小さい鏝絵（写真52）もあった。

（小沢87、一野渡46、大和沢14、狼森14、千年20）

② 小栗山・松木平・大沢・清水森

図5は小栗山、松木平、大沢・清水森である。図の一番下の弘前南部広域農道がもとは前3地区を縦貫する主要道路であったが、今はその北側にできた石川土手町線が県道127号線になった。しかしこの127号線沿いには住家も少なく、旧道が圧倒的に実質的な生活道路であることに変わりない。小栗山と松木平は南の山地から稲刈沢川に至る緩やかな傾斜地にあるため、どの側溝にもきれいな水が流れ、よく清掃されていて、気持ちがよかった。

書き上げた蔵の分布図を眺めていると、ヤマブドウの房のようだなと思う。写真53は同じブ

写真52

写真53

ドウ属のサンカクヅルである。（小栗山28、松木平43、大沢58、清水森34）

③　石川・乳井・薬師堂

図6は石川・乳井・薬師堂地区である。石川の南の小金崎が弘前市と大鰐町の境ではあるのだが、以前から私は平川の御幸橋を渡ると大鰐地区に入ったような気がしていた。前著「三佐木町枝線」で電柱にある東北電力の線名表示を見歩いたときに、門外幹線がこの橋の手前で止まってその南は蔵館幹線になっているのを見て、やはり感じていた通りだなと思った。前図の弘前南部広域農道が県道280号線にぶつかるところからこの御幸橋までの1㎞弱の道路の両側に44の蔵がある。

弘南鉄道大鰐線の鯖石駅から県道12号線に入り、八幡館（大鰐町）で東北自動車道をくぐって北北東に進んだところが乳井、その先が薬師堂で、弘前市のなかでは唯一平川の東側に入り込んでいるところである。蔵は両地区合わせて87であった。

乳井には有名な乳井神社がある。この神社の前身は坂上田村麻呂に関わる伝説を持つ福王寺で、その創建は1078年である。薬師堂で再び東北自動車道をくぐって少し進むと、平川市の高畠地区に入る。（石川44、乳井〜薬師堂87）

④　川合・堀越・門外、堅田・俵元・外崎・高田・小比内、境関・福田・福村・二ツ屋・福田子・新里

図7はJR奥羽線と平川の間の広い区域で、その中央で国道7号線と国道102号線が交叉している。もとは純農村地帯で、開発が始まったのは戦後しばらく経ってからである。開発から取り残された（免れた）ところでは道路が不規則に屈曲して昔の姿を留めており、そんなところにはまだ蔵が残っているのに対し、弘前駅の東側の宅地化し道路が整然と直線状、直角に交叉しているようなところでは完全に姿を消している。

門外、堀越を通る県道260号線（石川百田線）はこの先石川で国道7号線に合するが、7号線が整備される前はこれが大鰐、碇ヶ関から秋田県へと通ずる国道であったから、沿道に蔵はまだかなり残っている。右下の⑨の堀越城址では折から堀など遺構の改修、整備が行なわれていた。津軽為信は1571年にここから石川城主南部高信を攻め落とし、その後大光寺城や浅瀬石城を奪い、津軽の支配を確かなものにしたのであった。（川合9、堀越29、門外7）

図の高田の田の字のすぐ下に、妻の一方に「丸に隅立て4つ目」紋（写真54）、反対側に「布袋」（写真55）が見える蔵がある。布袋はめでたい鏝絵の題材としてしばしば平の壁や扉に描かれるもので、通常こういうところにはおわさぬのである。丸で囲んであるのは、少し穿って見れば、布袋屋とか布袋という屋号や名字があるから、その代わりにしたということも考

えられるだろうか。しかし、現在の電話帳には布袋屋も布袋も載っていない。あるいは主が変わって蔵だけが残されているのかもしれないし。ただ、この蔵も家紋も布袋もまだ新しい感じで、作られてからあまり年数は経っていないように思われる。（堅田・俵元6、外崎・高田・小比内19、その他3）

30年ほど前の地図を見ると、弘前の市街地の広がりは大体七号線までであった。その東部一帯は福田と呼ばれていたが、その後開発が進み、末広、田園、早稲田など企業団地、住宅団地が形成された。蔵が残っているのはここを囲む形になっている新里、福村、境関である。

このうち102号線の南の二ッ屋、福田子、新里の蔵には家紋や屋号の付いているものが殆どないという印象があり、歩いたときの記録をなくしてしまったので判然としないが、新里で家紋の付いているのを一棟見ただけだったような気がする。（境関12、福田・福村15、二ッ屋6、福田子15、新里18）

写真54

写真55

⑤　撫牛子・大久保・津賀野、岩賀・清野袋・向外瀬、船水・外瀬・苊中・浜の町・石渡

図8の右半分は弘前市の北東部で、東は平川、西は岩木川に挟まれた地域である。国道7号線と県道260号線（石川百田線）は弓と弓弦の形で、弓弦にあたる撫牛子から大久保、津賀野の沿線には蔵が並び、とくに津賀野の百田にはかなり密集している。ここから平川橋を渡って藤崎町に入ったところにもかなり蔵が残っていて、それらは商家のものと思われるから、この百田のもののいくつかもそうであったのかもしれない。現在の7号線が整備される前はこの260号線が藤崎を経て北東は青森、北は五所川原方面に通ずる国道であった。（撫牛子13、大久保・津賀野45）

西側の岩賀、清野袋には工業団地が造成され航空電子やキヤノンなどの大規模な工場が作られたが、岩木川沿いの中心地区とその南の向外瀬では曲がりくねった道路に絡めとられたかのようにまだ蔵が残っている。向外瀬から城北大橋を渡ると船水、外瀬、そして浜の町、石渡である。蔵は船水では小彦名神社のあたりに6、外瀬は農工連の裏に4、そこから少し南に進むと苊中集会所付近に3棟あった。

浜の町は弘前の旧市街地の最北部で、県道31号線を北北東に進むと鰺ヶ沢に至る。藩政時代までは日本海時代であったから上方文化は鰺ヶ沢を通って入ってきたわけで、弘前にとっては重要な街道であった。したがってこの街道沿いには蔵もある程度は残っていそうな気もしていたのだが、石渡の豊盃酒造店の他は浜の町二丁目に1棟見つけただけであった。（岩賀5、清

野袋10、向外瀬11、船水6、外瀬4、苊中3棟、石渡から浜の町）

⑥ 中崎・三世寺・大川・青女子・種市、鬼沢・楢木・糠坪・高杉・前坂

図9の右側は岩木川沿いの県道37号線、左側は鰺ヶ沢に至る県道31号線である。

中崎は後長根川が土淵堰に合流する地点で、狭い範囲に蔵が24密集している。**写真56**は亀の鏝絵である。メモをなくしてしまい記憶もあやふやなのだが、ここで撮った写真だったかなと思っている。間違っていたらごめんなさい。ほかの鏝絵の亀と違って淡水亀が正確に作られていて、まるで剥製のように見える。

三世寺は川沿いに8、前坂に向かう県道131号線を入ったところに4の計12棟ある。

写真56

大川は岩木川と土淵堰の間にあり、一部区間は岩木川に接しており、以前から大雨で水嵩が増すときまってこのあたりのりんご園が被害をこうむっている。道路際には砂利か砂を詰めた大きな頭陀袋がずっと並べられていた。住民の強い要求で改修が進められることになったらしいが、りんご園は道路際から何mか低い河川敷のような所にあるから、川が少し溢れただけでも冠水するのは必然で、そもそもこんなところにりんご園を作ったこと自体おかしいのではないかと思っている。それに、りんごに限らず果物は昼は気温が上り夜は下がる丘陵地のようなところが適地だから尚更である。

青女子ではバス停上青女子北口と上青女子の間の裏通りに弘前市名誉市民横綱初代若ノ花（花田勝治氏）の生誕地があり、蔵があった。後日、献血バスが町田の農協に行ったとき献血に来て下さった女性が花田さんという青女子の方だったので、もしやと思いこの蔵のことを話したところ、そこには今も若ノ花の縁者が住んでいること、自分はその一族の嫁だということであった。（中崎24、三世寺12、大川10、青女子11、種市16）

種市から133号線を通り先ず鬼沢に行く。ここには①の鬼神社があり、手入れが行き届いて気持ちのいいところであった。その近くにある※の蔵の鏝絵が**写真57**である。白壁の上にゆったり飛翔するタンチョウは保存状態もよくなかなか上品、優雅である。

岩木山麓には縄文遺跡が多く、昭和20年代には早稲田や慶応などが競うように発掘調査に来ていた。弘前高校の郷土研究クラブもそれに参加していたので、その後輩である私たち中学生も数人で同じ名称のクラブを作って見学に行ったりしていた。ここ鬼沢も31号線を山側に少し入ると堤があり、周辺には土器片が散らばるなかに大きな石皿が放置されていた。持ち帰るには重すぎたが、あれは惜しかったな、今はどうなっているのだろうかと思っている。

写真57

133号線を少し戻って楢木を歩く。**写真58**は泉田の鶴である（※）。まず目につくのは嘴の先が多少幅広くなっていることだが、ヘラサギの嘴はここがもっと幅広で笏のようになっているし、後頭部に後ろへなびく羽冠がなくてはならないのでこれではない。こういう嘴のツルは存在しないが、おまけしてツルと認めておくことにする。頭頂部が盛り上がっているのは、タンチョウはこの部分が赤いので、そこを強調してこのようにしたのかもしれない。当初はここが赤く着色されていたのではないか。目先から首にかけてと脚に近い次列および三列風切りが黒いのもタンチョウらしい。この鶴も壁面からかなり浮かせた部分があり、ここには芯に木か金属を入れているようである。比較的いい出来で、生き生きした表情をしている。鶴の下に咲いているのは何の花であろうか。

写真58

ここは数年前竜巻で被害を蒙った所なので、その場所と現在の状況を知りたいと思ったのだが、歩いている人には出会わなかった。住民が少なくなったのと車での移動が多くなったせいであろう。

糠坪を通り、35号線を横切り高杉に出る。

写真59は高杉の蔵で、妻の窓には多少傷んではいるが豪華な霧除けが付いており、その上のスペースには**写真60**のようにタンチョウがいる。これは遠目には鏝絵でなく描いたものか

と思っていたが、写真を拡大して眺めてみると影が出来ているように見える部分があるからちょっと怪しいが鏝絵にしておくことにする。筆で色をつけているような感じがのびやかさを生んでいる。

写真61は下高杉にある別な蔵の霧除けである。鏝絵はないが前者同様豪華である。こういう贅を尽くした構造は外でもたまに見ることができる。

写真62は前坂の高杉公民館近くの龍である。漆喰の壁ではなく模造石の壁に、しかも別に作ったものをはめ込んだ（貼り付けた）ものであるが、ここに掲げておくことにする。

画龍点睛という言葉がある。六朝時代の名画師が龍の絵を描き、睛（ひとみ）を入れると飛び去るからと入れなかったが、是非にと頼まれ入れたところ龍は天に上って行ったという故事による。しかし、名画と言われている水墨画に

写真 59

写真 61

写真 60

写真 62

描かれている龍を見ても、体は勢いがあるが目に力がなく、気の弱そうな間抜けな顔つきをしているものが多い。こういう龍を見て他の人たちは何とも思わぬものかなと思っている。空に上り風を起こし雨を降らすというような颯爽たる印象も、龍の髭を撫ぜ虎の尾を踏むというような危険な迫力も表現されていないのである。この鏝絵もあまりいい出来とは言えない。

写真63は前坂公民館近くの蔵の窓で、妻の中央ではなく左に寄せてある。蔵の内部の造りの関係でこの方がよかったのかもしれない。**写真64**はその近くのレンガ造りの蔵で、窓の扉の幅が左右異なっているものである。こういう例はときどき見られる。(鬼沢27、楢木11、糠坪7、高杉28、前坂10)

⑦ 十腰内・十面沢・大森・貝沢・堂ヶ沢、笹舘・三和・小友

弘前バスセンター7:20発のバスで今年初めてのウオッチングに出掛ける。弘前鰺ヶ沢線の弘前と鰺ヶ沢、つがる市との境界に近い長前で下車し、そこから脇道に入ったりしながら南下した。(図10)

蔵は十腰内に9、十面沢に2、大森から貝沢にかけて13、堂ヶ沢に1の計25棟

写真63

写真64

見つかり、そのうち屋号が8、鏝絵が3棟に付いていた。屋号と鏝絵が共存する例はなかった。

写真65は十腰内の鶴と亀である（※）。右にある棒状のものと、鶴と亀の間に3ヵ所フライフィッシングのウエットフライのようなものが見えるのは何なのか、鶴と亀が何をしているのかなど全く分からないが、何か物語性があるのかもしれない。あたりに人影がなくて話を聞けなかったのが残念であった。

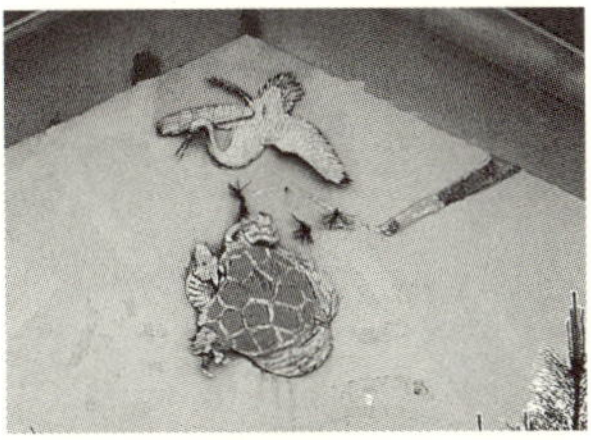

写真65

写真66

写真66は大森のバス停神社前近くにある蔵のタンチョウである（※）。楢木泉田のと同じくらいで、窓を覆うかのように大きく羽根を広げている。嘴の先1/3ほどは漆喰が剥落して黒くなっている。眼前、喉、前頚から頚側にかけては黒い筈だが、日光でかなり褪せてしまったようである。尾の部分は日陰になっているので黒いまま保たれている。タンチョウは現在は釧路から根室付近に周年棲息しているが、かつては本州各地に飛来していた。弘前の北部から鯵ヶ沢に至る農村部の蔵の鶴は殆どがタンチョウのようである。

尾上町の金屋の蔵についてはこの後述べるが、P.93 の**図17**の①田中十文字の近く、民家の

2階の戸袋らしきところに写真67のように鶴亀の鏝絵がある。

鶴の体が左右に分かれているように見えるし、亀の頭が小さくて頼りなかったりで出来は良くないが、遠目にはまあきれいだなと思っていた。しかし後日この写真を見ているうちに、鶴の辺縁があまりにはっきりしすぎていることに気付いた。写真68のように画面を拡大してみると、確かに鶴の下縁は壁面から少し浮いているようで、壁面に漆喰を盛り上げたものならこんな状況になる筈はないと思われた。さらに注意してみると、鶴の左翼と脚に各2カ所小孔のあいていることが分かった。亀も左脚、甲の右縁、蓑に各1カ所、たなびく雲の中央にも1カ所ずつ開いており、他にも怪しい部分がある。ここから推測できることは、鏝絵の部分は別なところで造り、それを貼り付けて落下しないようにこの小孔のところで留めているのではないかということである。

写真67

写真68

そういう目で眺めてみると、この大森のタンチョウ、先の泉田のタンチョウも相当に怪しいと思わざるをえない。垂直な壁面であのように翼や頭や脚を浮かせるように作るのはほとんど不可能なことだからで、おそらくこれらも貼り付け技法を併用し、貼り付けた跡が残らぬようにうまく漆喰で埋めているだけのことではないのかと思ったのである。

鏝絵の技法について書いたものは見たことがなかったが、壁面の凹凸が少ないものは垂直な壁面に向かって直接漆喰を盛り上げることはできそうである。しかし、そういう平坦な鏝絵では満足できず、窓の上に眉庇のように大きく翼を広げた鶴のような立体的なものを作るとなると、壁に向かったままで作業することはまず不可能にちがいない。私は鏝絵は垂直な壁に向かって漆喰を盛り上げて作るものだと思っていたから、別に作ったものを貼り付けたものなど鏝絵とは言えないのではないか、こんなものは貼り絵ではないかと思っていたのである。ところが、前述の「豊の国の鏝絵」の記事の中に左官が大きく翼を広げた鶴を地面で作っている写真が載っており、この種の大物を作る時はやはりこういうふうにせざるをえないのだということが分かった。したがって、泉田や大森のタンチョウもおそらくこのようにして作られたもので、立派な鏝絵である。貼り絵だなどとホントニホントニシツレイシマシタ。

それにしても、田中十文字の鶴は、留め痕の小孔くらいは漆喰できちんと埋めなければならない。鶴の首と左翼の下縁が壁面から浮いているのは漆喰で埋めるのを怠ったためだし、この下縁に漆喰がわずかに煎餅の耳状に残っているのも、平坦なところで作ったときに生じた余計な部分を削り落して整形することを怠った証拠であろう。

写真69は十面沢で見かけた亀であるが、首はにょろりと長く、耳を立て、鋭い歯をむき出し

にしているなど異形の化物で、蔵を飾る吉祥の印というよりも、むしろこういう怪異性に蔵を守る役割を委ねたものであろうか。前出の例と同じく四肢の形や蓑などは陸亀である。

折から新緑の季節で、岩木山麓は桃源郷を思わせるような趣があった。ウグイス、キジバト、マヒワ、ツバメ、キジも多く、ツバメが電線の上に並んでとまっているのを見るのも何十年ぶりであった。前述の如く、藩政時代には上方文化はこの道を通って弘前に入ってきた名残りであろうか、道路沿いの風情もなかなかよかった。（十腰内9、十面沢2、大森から貝沢13、堂ヶ沢1）

この日は新和から125号線入って小友を歩き、そこから特養老人ホーム三和園の横を通って砂沢溜池から笹舘に至った。因みに砂沢溜池では、現在は水面下になっているが、1987年に紀元前4世紀前葉の水田稲作の跡が発見されている。1981年に田舎館村垂柳遺跡で発見された水田跡は前3世紀のもので、それを1世紀以上さかのぼるものである。笹舘から三和に戻り、三和小学校の前から37号線に出、種市の桂橋まで歩いた。

写真70は三和・下中畑の怪亀である。目と口以外は無彩色で、うっすらと亀の甲羅らしい模様が見えるものの、カラスウリの蔓のせいで四肢や尾がどうなっているのかは分らなかった。（笹館5、三和10、小友12）

写真69

写真70

⑧ 熊島・土堂・蒔苗・富栄・鼻和、高屋・賀田・宮地・葛原・新岡・植田・細越・八幡、
折笠・中別所・宮舘・独孤

3号線で岩木橋を渡り旧岩木町に入る。（図11）700 m ほど進んで弘前鰺ヶ沢線の旧道に入ったところが熊島で、**写真71**はここの鶴である。右翼と尾の造りは前出の野元の鶴と同じであるが、頭は隠していないのでこちらの方が多少よく見えるかなというところ。

土堂から蒔苗に入る。蒔苗では家紋「丸に松皮菱」（**写真72**）があった。ここから近い独孤や高杉にもこの紋のほか同類の「丸に三階菱」もみられた。一族が比較的近いところに住んでいることを示しているのではないかと思う。蒔苗地区には蒔苗という名字が多く、以前弘前市役所で献血に来られた市の蒔苗課長に伺ったところでは、戸数の3割くらいはあるのではないかとのことであった。電話帳を調べてみると、弘前では蒔苗姓132のうち54が蒔苗地区在住であった。因みに黒石、平川、板柳、藤崎、大鰐全体でも10に過ぎず、その集中度が分かろうというものである。

写真71

写真72

写真73

富栄地区では蒔苗から船沢に至る41号線沿いに写真73のように家紋「丸に梶の葉」と龍の鏝絵の蔵があった。鏝絵は残念ながら中央部が剥落しているが、前出の前坂の龍に較べて分かりやすく出来ている。鏝絵は通常漆喰のみで作られているものだが、この龍の角と髭は壁面から浮き上がっており、金属製のようである。梶の葉の家紋はここから鼻和あたりにかけて見かけられる。

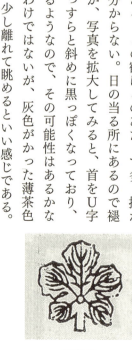

鼻和は船沢から賀田に至るまでの34号線沿いの地区である。写真74は家紋「梶の葉」と鶴の鏝絵である。この鶴はこのあたりで多く描かれているタンチョウかどうかは分からない。日の当る所にあるので褪色してしまったのかもしれないが、写真を拡大してみると、首をU字型に曲げている部分の内側がうっすらと斜めに黒っぽくなっており、尾にも明らかに黒味が残っているようなので、その可能性はあるかなと思う。この鶴は上出来というわけではないが、灰色がかった薄茶色の壁面に馴染むように飛ぶ姿は、少し離れて眺めるといい感じである。

写真75

写真74

家紋の梶の和名は「カジノキ」である（写真75）。クワ科コウゾ属で、クワ属のクワ（和名はヤマグワ）とは属は異なるが、葉の形はよく似て変異に富む。植物図鑑には卵形から広卵形、鋭尖頭、基部はやや円いが左右に不相称、鈍鋸歯縁で、ときに3中—浅裂、裂片は鋭尖頭などと書かれているほどである。この家紋は1枚の葉をかたどったもので、5枚を組み合わせたものではない。同じクワ科のイチジクの葉のようなものである。かつて肥前大村藩ではこれを瓜の葉紋として誤用していたことは先述した。

カジノキとヒメコウゾの雑種がコウゾで、この樹皮の繊維をたたいて布をつくり、衝いて紙の原料になり葉や果実も薬用にされた。因みに2013年世界文化遺産指定の石州和紙（島根）と2014年指定の本美濃紙（岐阜県）、細川紙（埼玉）はいずれもこの楮が原料である。（熊島6、土堂6、蒔苗34、富栄22、鼻和24）

高屋はまだ以前の面影を残しており蔵も残っているが、弘前市岩木総合支所のある賀田では

写真 76

写真 77

写真 78

もう旧道沿いに少し見られるだけである。

ここから西に進み、宮地、葛原から新岡に至る。蔵ではないが、新岡公民館の隣に商店（休業中か、どうも廃業らしい）があって、その2階の左右の壁に**写真**76、77、78の如く鏝絵が残っていた（※）。向って右は大黒と恵比寿である。大黒は普通は右手に打ち出の小槌を持ち米俵の上に乗っている筈だが、ここでは小槌をおっぽり出してそろばんをはじいているし、恵比寿も釣竿と鯛をどこに忘れてきたのやら、掛け売りの帳面を開いて二人で金勘定に余念がない。左は朽ちた木の株にとまる孔雀。花の種類は分からない。

写真79

このあと植田から細越へ行き、そこから植田に戻り、賀田に戻ってきた。（高屋11、賀田5、宮地7、葛原5、新岡4、植田4、細越9、八幡2）

この日は富栄でバスを降り、折笠から弥生に行き、山を下って中別所地区を回った。

写真79はバス停折笠から西へ向かう道を少し進んだところの蔵にある家紋「鶴の丸」である。鶴紋は種類が多いが、これが最もすっきりと上品な感じがする。各種の鶴紋を見ていて以前から疑問に思っているのは、左右の初列風切から鶴の頭の上に伸びている線は何かということである。

写真80はバス停宮舘から少し入ったところにある「鯉の滝登り」の鏝絵である（※）。

すでに廃屋になっている農家の蔵で、平側の壁などはかなり剥離、崩落したりしているが、妻側のこの鏝絵のある部分だけはまだなんとか保たれており、大きな木の木漏れ日の中で鯉の白、水の青、岩の茶色がちらちらと美しかった。窓の開き戸の幅は向って左（**写真81**）が右（**写真82**）より5割方広くなっている。ただ、絵の図柄は左右多少の違いはあるもののほぼ同じであるし、鯉は滝の中にただ上向きに留まっているだけで昇ろうとする動きを見せておらず、まるでエレベーターの中にいるような感じである。まあ、日本画の鯉の滝登りも大抵は同じエレベーター型だから、一方はこれでいいとしても、折角大枚をはたいて鏝絵を設えるなら、左右異なる図柄にしてはどうだったか。たとえば、滝を上った鯉は龍と化すと

写真 80

写真 81

写真 82

いわれているから、一方に下向きの龍を配するとかすればすばらしい作品になっていたのではないかと惜しまれる。前述の窓の上の豪華な霧除けはここにもあるが、木の枝が覆いかぶさってよく見えなかった。

2週間ほど前、五代地区を歩いていた時声をかけてきた人がいた。弘前に蔵がどれくらい残っているか見回っているところだというと、彼も蔵に多少興味を持っているらしく、右の新岡の商店の鏝絵にも話が及んだ。中別所や折笠へ行ってみましたか、あそこにも鏝絵がありますよと聞いていたので楽しみにしていたのだった。それがこの鯉のことだったのかと思っている。

このあと宮舘では瑞楽園、少し戻って中別所の板石塔婆を見たあと、高杉、独狐を経て帰ってきた。（折笠12、中別所34、宮舘14、独狐18）

⑨ 鳥井野・兼平・如来瀬・龍ノ口・真土・駒越、一町田・五代、茂森新町・常盤坂・悪戸・下湯口

図12の上半分は県道3号線と岩木川の間の地域である。県道28号線のバス停下湯口南口で下車し、上岩木橋を渡る。鳥井野地区を行きつ戻りつしながら兼平に至る。

ここには兼建興業という土建会社があり、数年前から年に1度献血車がお邪魔させていただいているところである。短い休憩時間の間にその近辺を見回って蔵はまだかなり残っているこ

とを確かめていたので歩きやすかった。このあと南下して28号線沿いの如来瀬に至り、そこから鳥井野に舞い戻り、龍ノ口に歩を進めた。

龍ノ口には弘前大学教育学部附属小学校時代の3年間の担任であった故花田義雄先生のお宅があり、当時の同級生にとっては懐かしいところである。夏の暑い日など連れだって川向いの悪戸地区から浅瀬を渡ってきて、泳いだりカジカを捕ったり、休みにはスイカやマクワウリを御馳走になった。先生のご両親にもやさしくしていただき、そのお顔もまだよく覚えている。60数年ぶりに訪れてみると当時の雰囲気が感じられ、記憶通りのところもあったし、ああここは記憶違いだったなと思わせられたところもあった。蔵はこの川沿いの道路際には短い区間にぎっしり並んでいた。

翌日は県道3号線と並行している弘前嶽鰺ヶ沢線のバス停一町田で下車し一町田地区に入る。そのあと県道129号線を横切ったところから南西の兼平地区との境界に至る約1㎞の道路沿いにはセリ田が続いていた。なるほど毎年年末になるとテレビに入る岩木のセリの収穫風景はここだったのだ。今は季節外れで、田にはわずかに水がありセリの茎がのたうっていたが、これからどんな管理をするのだろうと思った。誰かに訊いてみようと思いながら歩いたが、祭日（老人の日）のせいか、車が1台通って行っただけだった。ここでは屋号、家紋、鏝絵などは見かけなかった。

一町田から兼平を経て五代地区を歩いた。ここは毎年10月に行なわれるアップルマラソンのコースになっていて、所々にその案内表示が出ていた。実はここにはこの数日前にも来たのだが、持参した地図が不完全でとても使用できるものではなかったので、別な地図をもって再訪したわけである。屋号は8、家紋は6棟にあった。写真83は石持ち地抜き九枚笹といわれるもの。

写真83

写真84

本図の南半分は茂森新町から下湯口までで、かつては中央下部の栩内川（とちないがわ）が弘前市と旧相馬村との境になっていた。蔵は悪戸と下湯口の中心部に多くのこっていたが、家紋や屋号の付いているのは5棟のみであった。ちょっと珍しかったのは下湯口で見かけた扇子の地紙の家紋である。（写真84）

このあたりを歩いたのは9月の末で、中早生のりんごの収穫の季節であった。下湯口から相馬のあたりは起伏に富む地形であるため朝夕の温度差が大きく、それが味の良いりんごを生んでいる。

県道28号線は悪戸から岩木川の南岸沿いに西目屋に向かい、悪戸で別れた129号線は下湯口から旧相馬村の中心部を通って関ヶ平に至る。（鳥井野26、兼平26、如来瀬8、龍ノ口10、真土10、駒越1、一町田15、五代33、茂森新町・常盤坂10、悪戸23、下湯口29）

⑩ 百沢・高岡、国吉・館後、黒土・桜庭・中野・中畑・番館

図13は岩木山の南麓の県道3号線の沿線と、そのおよそ3㎞南を岩木川沿いに走る28号線の沿線で、後者は西目屋村に接している。

この日は3号線のバス停枯木平で下車し、そこからずっと歩いてきた。3号線に沿う遊歩道は丁度紅葉の見ごろでいい気分で歩いてきたが、カメムシが大発生していた。公衆トイレの入口には「入る時はきちんと戸を閉めて下さい」という張り紙があったが、中に入り用を足しているとカメムシが顔、首、腕などに次々に飛んできてぶつかったりとまったりで、ほうほうの態で逃げ出てきた。悪臭のお見舞いを受けなかっただけでも幸いだった。女性なら用を足すどころの話ではないだろう。張り紙はカメムシを中に入れぬ意図かもしれないが、戸を閉めていても隙間から入り込んでくるから却って多くの虫が集まることになり、まるでカメムシ保護センターと言っていいような賑わいであった。カメムシはこれからここでゆっくり冬越しもするのだろう。

蔵は枯木平から百沢温泉の手前あたりまではなく、岩木山神社の前後と高岡神社の東側に少しまとまっていた。

少し戻ってアップルロードに入り、三本柳温泉（⑥）を経て進むと、南の館後（たてうしろ）地区の小高いところに蔵の白壁が見えていた。この道路は百沢から岩木川に向かってずっと下りになっているので楽で、途中少し走ったりもした。私の経験では、長距離を歩くときは

同じペースではなくて、ときにジョギング程度の短時間の走りを入れた方がいいように思う。歩いている時とは別な筋肉も使うことになるから、その刺激が歩くときの筋肉の緊張を和らげるのに役立っているのではないかと思っている。

3号線に出て、国吉の菊盛酒造の近くから稲荷神社下の坂道を上りかけたとき出会った老女に、ここから上の方に蔵は残っているかどうか尋ねてみたところ、近くの大きな家を指して「あそこさだばあるども、ほかにはねえんでねが」という返事であった。しかし、坂を上って行くと3棟、さらに上りきってさっき眺望した館後の集落まで行ってみると4棟の蔵があった。**写真85**はそこで見かけた蔵の屋号である。こういう字は「清」という字の異体字というより、さらなる恣意的な変形というべきであろう。国語辞典で「屋号」を引くと、「姓のほかにつけた商店や歌舞伎役者などの家の呼び名」とある。一般農家などのこの種の銘は単にその家の名字や主人の名を書いただけなら本来の屋号と違いがあることは明らかだろうと思うが、本文では便宜上屋号としておくことにする。

写真85

この先、桜庭、中野、中畑とかなりの蔵が残っていた。地図の縮尺のこともあって旧道と28号線を結ぶ道路が何本も省略されているのはやむを得ないが、目印になる筈のバス停の位置などの記載がいい加減であった。そのため同じ所を何度も往復して、周辺の状況を確認しながら道路を書き加えたり消去したりで、この僅か3㎞ほどの区間の蔵の分布を確認するのにさらに1日かかった。というわけで、蔵の数はともかくとして、その所在地は間違っているかもしれないので、念のため。

番館の岩木川にかかる堰口橋の手前から細い道（地図には載ってなかった）を西に進むと、殆ど西目屋村との境界に接するあたり（※）で思いがけず写真86のような素晴らしい鏝絵に出会うことができた。

屋号は∧三、図柄は加藤清正の虎退治である。清正の左の肌色の部分に制作者名（武堂作）と制作年（昭和拾参年）があるが、私の年齢とほぼ同じ75年も経つと色が薄れて見えにくくなっている。右側の椀状の肌色の部分の上に白の漆喰で補修した部分が認められるが、ここには画題「清正の虎退治」とでも

写真86

あったのではなかろうか。

　薄れ方は色によって違いがあるが、ある程度古びてあたりの風景に馴染んだものの方が風情があり、いいなと思う。古い建築の修復に際し元はこんな色だったと色直しをすることがあるが、年を経て徐々に褪色し日本の風土に馴染んだ色合いにくらべると、なんと生々しくけばけばしいことよと違和感があるし、古い織物の紋様をコンピューターで復元したものなども同様である。ジーパンも新しいものを着古したようにやつしたものが重宝されるようだし、陶器、家具など多くのものが使いこまれるうちに味が出てくるのも同じである。

　この鏝絵は北向きで陽光に曝されないためであろう、75年経った割には比較的いい状態を保っている。弘前に残っているものの中ではもっとも立派なものなので市は何とか保存の手だてを講ずることを検討してほしいものだ。（百沢6、高岡5、国吉・館後26、黒土2、桜庭・中野・中畑37、番館9）

⑪　湯口・五所・紙漉沢・水木在家・藤沢

図14は旧相馬村の北部である。蔵は多くはないが、地域全体に残っている。
図の右上の③石戸神社のひとつ西側の小路に**写真87**と**写真88**のような蔵がある（※）。この写真程度では分かりにくいかもしれないが、妻の上部の装飾、とくに屋根を支える木組みは素晴らしい。家紋は丸に隅立ち4つ目紋。窓の扉の鶴と亀の鏝絵はまあ並の出来である。土蔵壁

の下部（通常「腰巻」と呼んでいる）は茶の煉瓦を漆喰で固め、その腰紐もしくは帯に当たる部分は茶と黒の2色で、なかなか凝った感じになっている。この蔵では平側に付いている前室もまた立派で本体と全く同じデザインで統一されており、総合的に見てこれは弘前に現存する蔵の中では最もよく保たれている一棟だと思う。

湯口から五所までは蔵は31棟見つかったが、湯口はアパートなど宅地化しているところがかなりあるし、五所は公共施設などの整備で様子が変わりつつあって、蔵はかなり数を減らしたのではないかと推測される。（湯口18、黒滝6、五所7、水木在家11）

写真 87

写真 88

蔵とは関係がないが、私が気になっているのは弘前市との合併を機にかつての湯口地区の一部の地名が昴（スバル）に変わったことである。湯口という字や響きは別に縁起や感じが悪いというわけでもなさそうなのに、何が不満だったのだろうと。この新地名を目にするたびに「おーおースバルよ」と絶唱している谷村新司の姿ばかりが浮かんできて地域にそぐわないような感じもしていたので、先日献血業務で相馬村農協に行ったときに献血に来てくれた中年の男性に思い切って「急に格好良すぎる地名に変わって、照れくさいような感じはしませんか」

と訊いてみた。すると彼は「そんなことはありません」と言い、さらにこの変更は地区住民が話し合ってだったか投票だったかで決めたことで、この新地名には満足しているとのたもうたのである。新地名の是非はともかくとして、もう少し以前の地名を惜しむような、懐かしむようなニュアンスの答えが返ってくるのではないかと思っていたので、そのあっけらかんとした割切り方がやや意外であると同時に、地名に対する自分の感覚あるいは価値観との間にズレのあることを感じさせられたのだった。違和感を抱いている住民もいるのではないかという気もしていたが、後日バスの中で出会った老人は私と同じような感想を聞かせてくれた。この図では昴でなく湯口と記しておく。

最近「この地名が危ない」という本を読んだ。日本列島は有史以来、地震や津波などの大災害にしばしば見舞われてきており、それらが地名として全国に数多く残されていることを指摘する内容である。2011年の東日本大震災での津波による浸水被害をうけた地域にもそういう地名が多く残っているのだが、福島第一原子力発電所の立地にあたっても先人たちが地名として残した過去の情報遺産が殆ど役立てられていなかったことが問題である。

過去の災害に関係のあることが知られているところでは、地域の開発にあたって不吉な印象を払拭しようとして地名の変更が行なわれているし、そういう関連が知られていないままにより好ましい感じ、あるいは行政にとって都合のよい地名に変更されているところもある。つまり、安易な地名変更によって意識的かどうかにかかわらず過去の地名に秘められている警告情報が失われているのである。こういうことについては役所の担当者がもっと勉強して地名の真の意味の理解を深めるようにしてもらわねばならない。担当者がアホでも最終的には首長の判断にゆだねられるわけだから、おかしな地名変更が行なわれた場合は首長自身の頭の程度、見識、節操に疑問符が付けられるのは当然である。

湯口という地名も起源が何であるのか分からないが、あるいは高温の水が湧き出ていた所で岩木山の火山活動と関係のある現象に因むものであるかもしれない。とにかく安易な地名変更は戒めるべきことで、慎重を期してもらいたい。所によっては、昔の地名の方が望ましいと復活させるようなことがありうるのではないかと思ったりしている。

⑫　藍内・相馬・坂市

旧相馬村を回ったのは2013年である。バスで藍内まで行き、そこから脇道に入ったりしながら北上して、藤沢あたりからまたバスで帰ってきたのだが、2014年からはバスは弘前市役所相馬支所のある五所止まりになってしまった。水木在家のロマントピアも通らなくなった。その不便になった分は市がタクシー会社と提携して当面は何とか支援することにはなったらしいが、それ以上のことは知らない。

図15は129号線の最奥の集落藍内から坂市の区間で、道路が川と捩れ合うように走っている。大川地区で水害を引き起こした先日の大雨によるものと思われたが、山の急斜面が3－4

mくらい（あるいはもっとあるのかもしれないが）の幅で崩落しているところが何カ所もあったし、川の中は根こそぎの木や折れた枝が各処に引っかかっていた。こういうものも早いうちに処理しておかないと、川の流れが変わって川岸の崩落ひいては道路の破損などを引きおこし、通行不能になってしまうこともあるだろう。

蔵とは全く関係がないが、私は25年ほど前にこの藍内から未舗装だった山道を上り、県境の長慶峠を越えて秋田県側へ行ったことがあった。長慶峠から少し下ると道は二つに分かれ、右（西）は早口川沿いに南下して早口で国道7号線に出るルート、左（東）は当時あった澄川ロケット燃料燃焼試験場の外側を回るように大川目川から岩瀬川沿いを南下して前者よりやや東で7号線に出るルートで、その時は前者のルートを通った。翌年は後者のルートに入り、荒沢登山口から田代岳（1178 m）に登った。山頂からは北は岩木山、東は八甲田山、西は駒ケ岳の向うに白神岳か向白神岳、南は山々のはるか遠くに小さく鳥海山が見えていたが、しばらくすると靄の中に消えてしまった。9合目には100 以上の池塘のある湿原がありミツガシワが群落をなしていた。そのあとは前回のルートに出て、そこからはバスを乗り継いで帰ってきた。

その何年か前に五所川原でやくざの親分が亡くなり、その葬儀に県外からやくざが大勢やってくるという情報があったらしい。県警は主要道路で検問を強化してそれを防ごうとしたのだが、何でも関西の親分一行がこの県境越えの山道（相馬田代林道）からまんまと入り込んできたという話を聞いたことがある。そのあと彼等が葬儀にたどり着けたかどうかは知らない。

この地区の中心である相馬の農協③のあたりは、古い建物は建て替えられて蔵は殆ど残っていない。ここから作沢川を渡り大助を経て西目屋に至る道が204号線であるが、その大助の野田神社①の手前に㊋と屋号の付いている立派な蔵がある（※）。全体の外観は湯口の蔵に一歩譲るかもしれないが、**写真89**のごとく上部の木組は実に素晴らしいものがある。軒端には、浅学にして名称は知らぬが、八角円堂形の装飾が吊り下げられている。（湯口17、黒滝6、五所11、水木在家9、紙漉沢14、坂市・藤沢8、大助6、相馬8、藍内3）

写真89

⑬　弘前市中心部

道路に面している蔵はともかくとして、大きな商店の店舗の裏にあるものなどはちょっとうっかりしていると見逃してしまう。建物が立て込んでいる通りでは建物の間の狭く暗いスペースの向うにちらりと蔵の一部が明るく見えることもあるし、そんな通りで建物を取り壊して更地になったり駐車場になったりしているところがあれば、そこから家並みの裏側を覗き込んでひっそりとたたずむ蔵の姿を発見することもある。また、建物の疎らな裏通りに回って眺めてみたり、小高いところがあればそこから俯瞰するのも一法である。

図16は弘前の旧市街地の大半を含む地域である。この分布状況、つまり蔵の残り具合をどう

見るかだが、私は結構まだしぶとく残っているなと感じている。大部分は商家の蔵で、図の左下の県道126号線と130号線沿いのは農家の蔵である。

市街地では、蔵は店舗あるいは住宅の裏に隠れるように建てられているものが多く、これは農村部と明らかに異なる点である。町家が建て込んでいて間口がそう広くないという事情によるものかもしれない。倉庫業などでは蔵は道路に面してないと不便だが、単に物品を保管しておくだけで出し入れがそれほど頻繁ではないようなところでは、裏にあっても一向に構わないからだろう。それと、今残っている蔵では屋号、家紋などの付いているものはほんの一部にすぎなかった。当初は、土手町や和徳町などかつて大きな商店があったところに残っている蔵には屋号が付いているものが多いのではないかと思っていたが、そうでもなかった。

これに対し、郊外の農村部では蔵は殆どが道路に面して建てられている。農村部では土地に比較的余裕があるから、作業小屋の付いた蔵は住宅の裏よりも道路に近いところに建てた方が便利だということはあるかもしれない。それと、屋号、家紋のほか、唐草模様などの装飾の付いているものが多いのも市街地の蔵とは異なる点である。ただ、これらの屋号、家紋、各種装飾は多く見られるところと殆ど見られないところの地域差が顕著であった。前者の場合は、あいつが屋号や家紋を付けたから俺もと張り合う気分があって、そういう風潮から逃れ難かったのかもしれないと思ったりしている。蔵の置かれている状況を見ると、「つわものどもがゆめのあと」というような感慨もあるか。

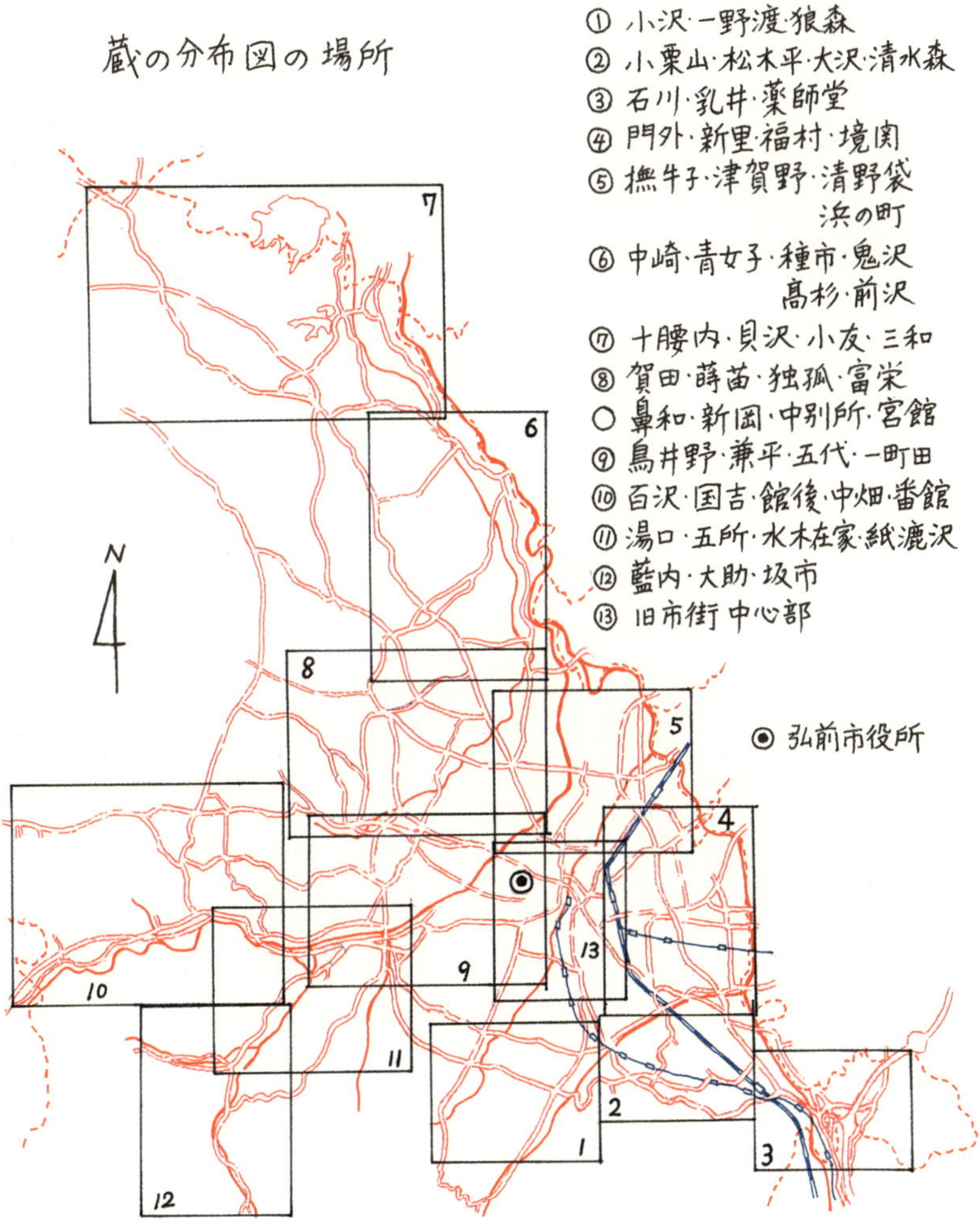
蔵の分布図の場所
① 小沢・一野渡・狼森
② 小栗山・松木平・大沢・清水森
③ 石川・乳井・薬師堂
④ 門外・新里・福村・境関
⑤ 撫牛子・津賀野・清野袋
浜の町
⑥ 中崎・青女子・種市・鬼沢
高杉・前沢
⑦ 十腰内・貝沢・小友・三和
⑧ 賀田・蒔苗・独狐・富栄
○ 鼻和・新岡・中別所・宮館
⑨ 鳥井野・兼平・五代・一町田
⑩ 百沢・国吉・館後・中畑・番館
⑪ 湯口・五所・水木在家・紙漉沢
⑫ 藍内・大助・坂市
⑬ 旧市街中心部
N
弘前市役所
7
6
8
5
4
10
9
13
11
2
1
3
12

図3

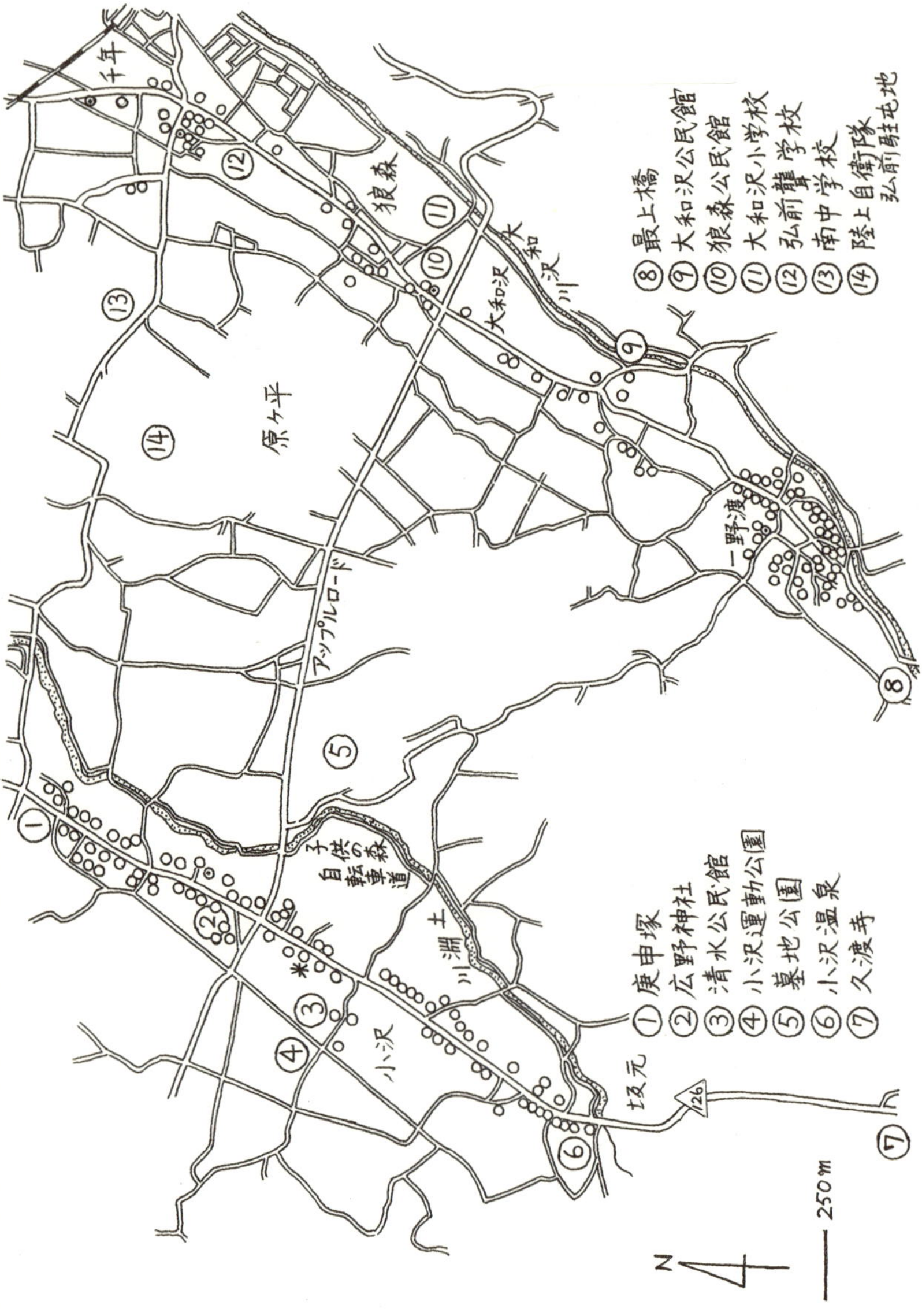
千年
狼森
大和沢川
大和沢
原ヶ平
一野渡
アップルロード
子供の森
自転車道
土淵川
小沢
坂元
126
250m
N
① 庚申塚
② 広野神社
③ 清水公民館
④ 小沢運動公園
⑤ 墓地公園
⑥ 小沢温泉
⑦ 久渡寺
⑧ 最上橋
⑨ 大和沢公民館
⑩ 狼森公民館
⑪ 大和沢小学校
⑫ 弘前聾学校
⑬ 南中学校
⑭ 陸上自衛隊弘前駐屯地

図4

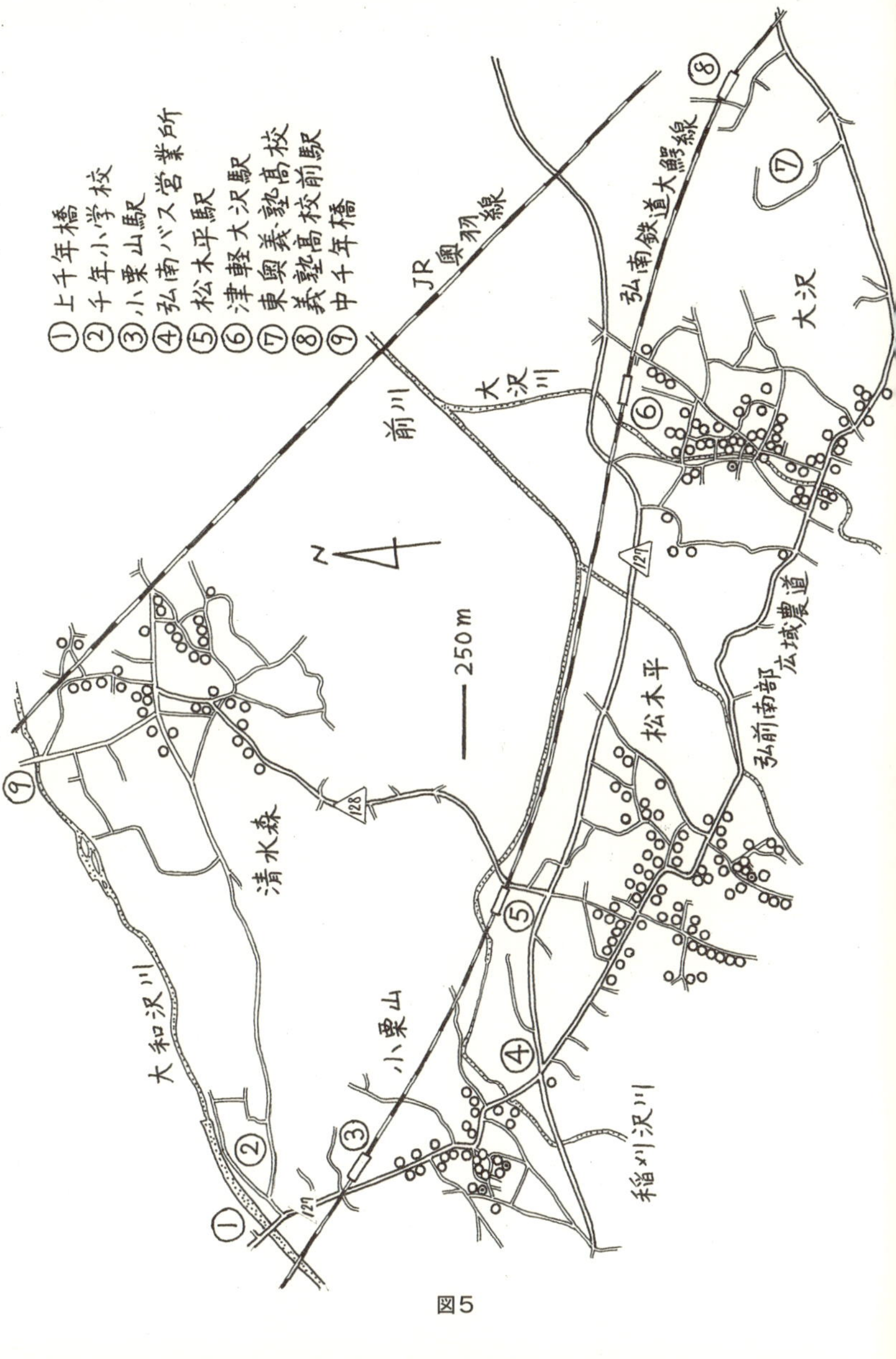
① 上千年橋
② 千年小学校
③ 小栗山駅
④ 弘南バス営業所
⑤ 松木平駅
⑥ 津軽大沢駅
⑦ 東奥義塾高校
⑧ 義塾高校前駅
⑨ 中千年橋
JR奥羽線
弘南鉄道大鰐線
前川
大沢川
大沢
N
250m
128
127
松木平
弘前南部広域農道
清水森
大和沢川
小栗山
稲刈沢川

図5

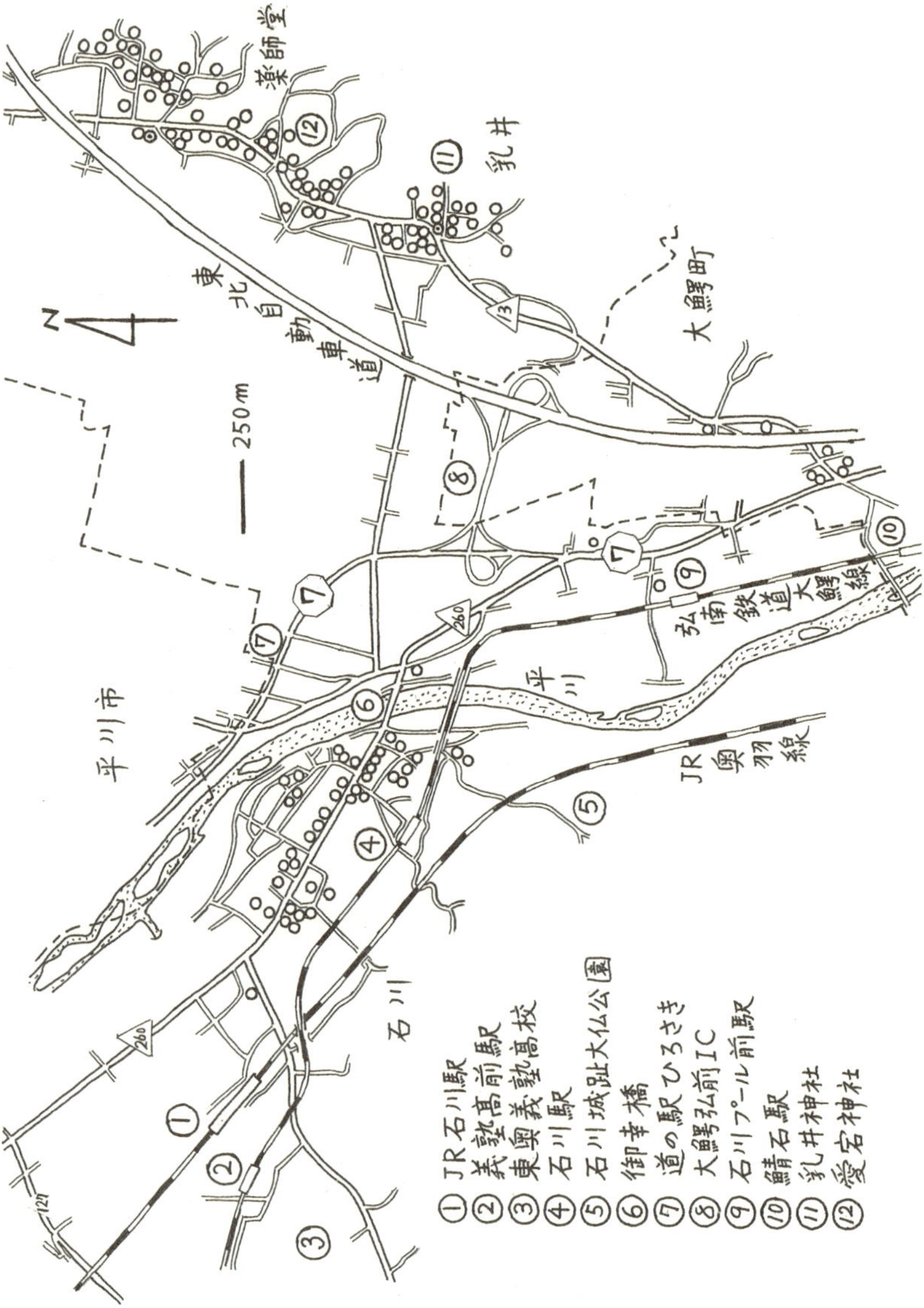
N
250m
平川市
石川
東北自動車道
大鰐町
乳井
薬師堂
平川
弘南鉄道大鰐線
JR奥羽線
① JR石川駅
② 義塾高前駅
③ 東奥義塾高校
④ 石川駅
⑤ 石川城趾大仏公園
⑥ 御幸橋
⑦ 道の駅 ひろさき
⑧ 大鰐弘前IC
⑨ 石川プール前駅
⑩ 鯖石駅
⑪ 乳井神社
⑫ 愛宕神社

図6

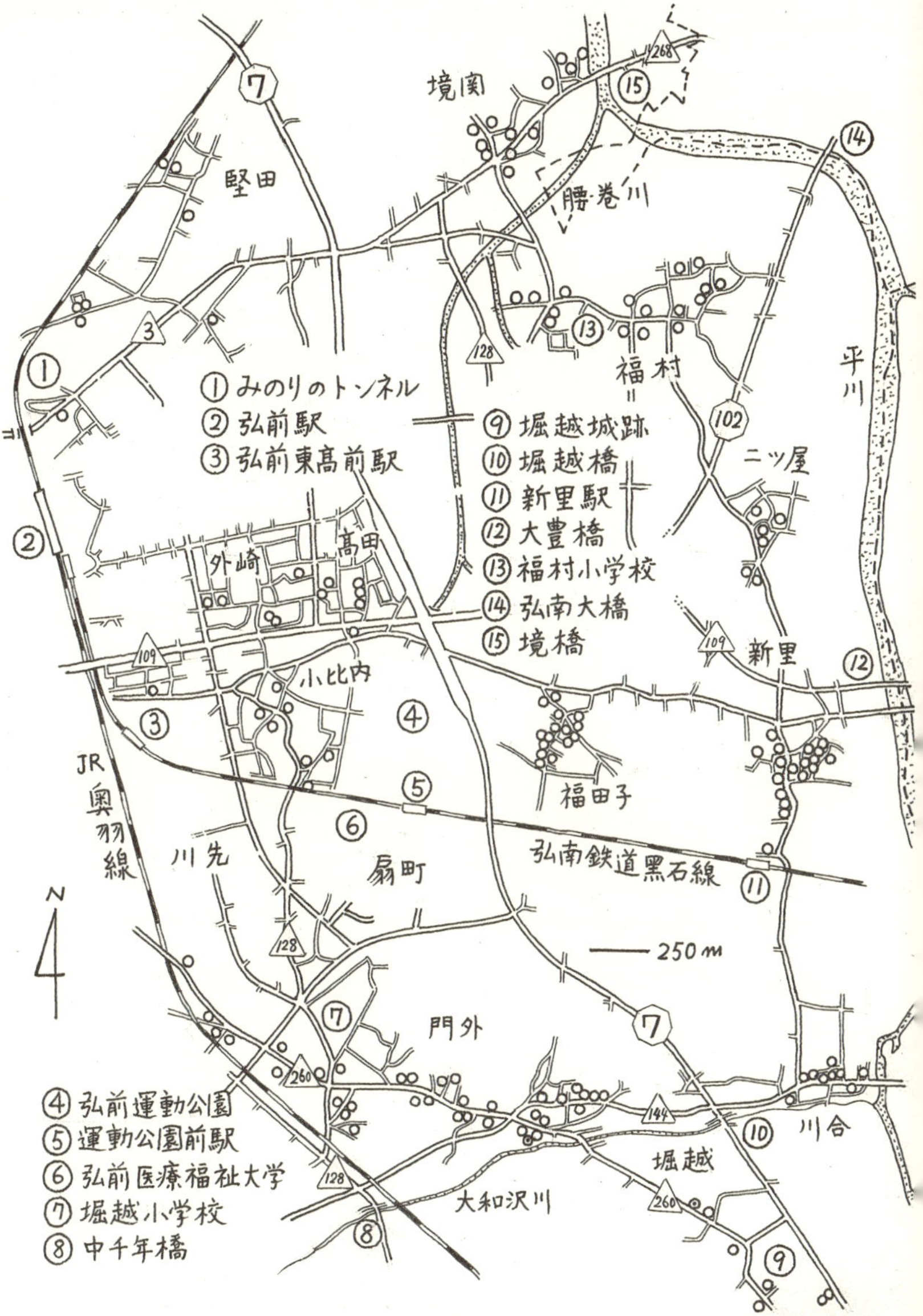

境関
堅田
勝巻川
福村
平川
二ツ屋
外崎
高田
小比内
新里
福田子
弘南鉄道黒石線
JR
奥羽線
川先
扇町
250m
門外
川合
堀越
大和沢川
①みのりのトンネル
②弘前駅
③弘前東高前駅
④弘前運動公園
⑤運動公園前駅
⑥弘前医療福祉大学
⑦堀越小学校
⑧中千年橋
⑨堀越城跡
⑩堀越橋
⑪新里駅
⑫大豊橋
⑬福村小学校
⑭弘南大橋
⑮境橋
N
7
3
128
102
109
144
260
268

図7

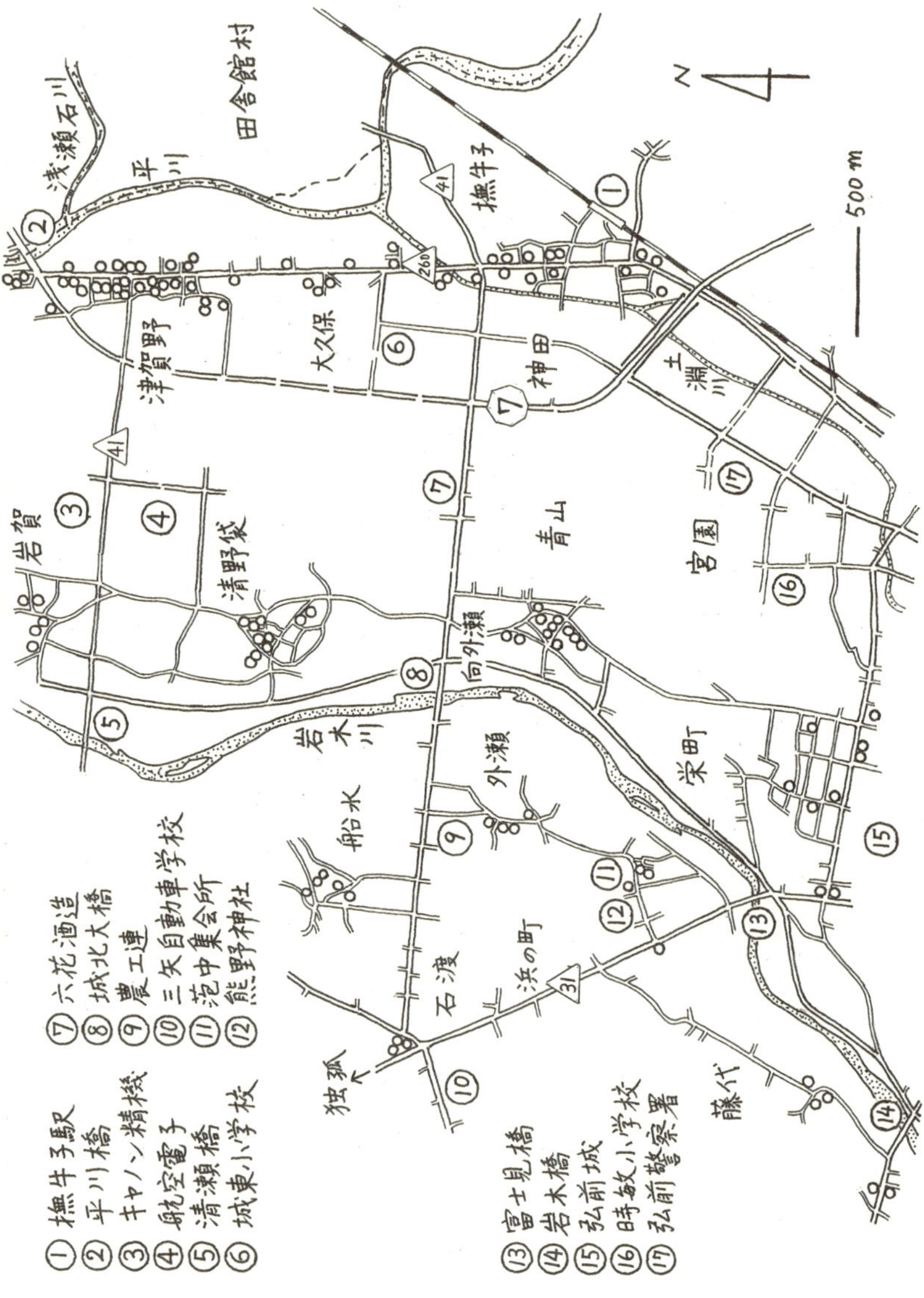
① 撫牛子駅
② 平川橋
③ キヤノン精機
④ 航空電子
⑤ 清瀬橋
⑥ 城東小学校
⑦ 六花酒造
⑧ 城北大橋
⑨ 農工連
⑩ 三矢自動車学校
⑪ 范中集会所
⑫ 熊野神社
⑬ 富士見橋
⑭ 岩木橋
⑮ 弘前城
⑯ 時敏小学校
⑰ 弘前警察署
N
500 m
田舎館村
浅瀬石川
平川
撫牛子
41
260
大久保
津賀野
神田
土淵川
岩賀
清野袋
青山
宮園
向外瀬
岩木川
外瀬
宗町
船水
石渡
浜の町
31
独狐
藤代

図8

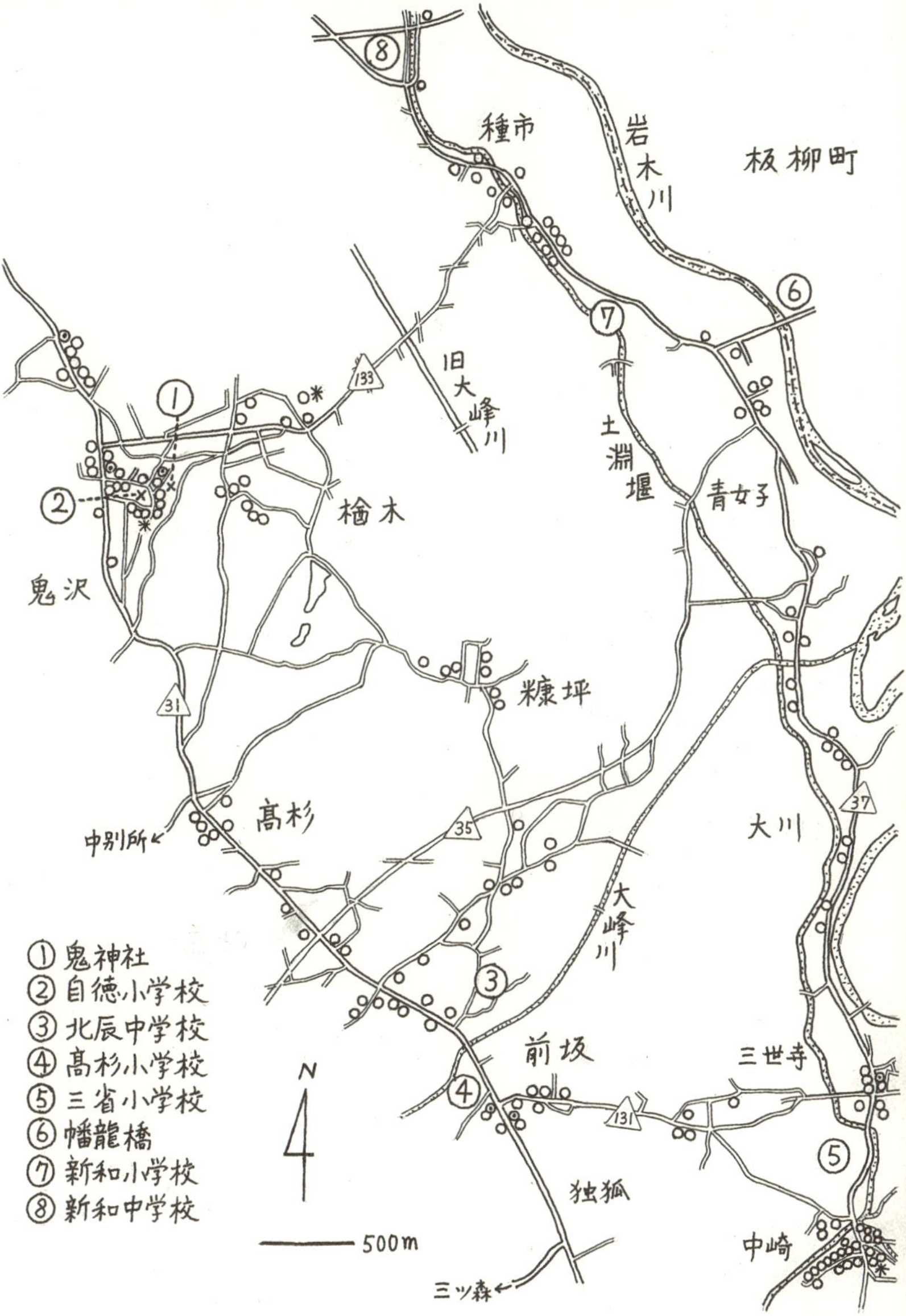

種市
岩木川
板柳町
①
②
鬼沢
檜木
旧大峰川
土淵堰
青女子
糠坪
高杉
中別所
大川
大峰川
前坂
三世寺
独狐
中崎
三ツ森
133
31
35
37
131
N
500m
①鬼神社
②自徳小学校
③北辰中学校
④高杉小学校
⑤三省小学校
⑥幡龍橋
⑦新和小学校
⑧新和中学校

図9

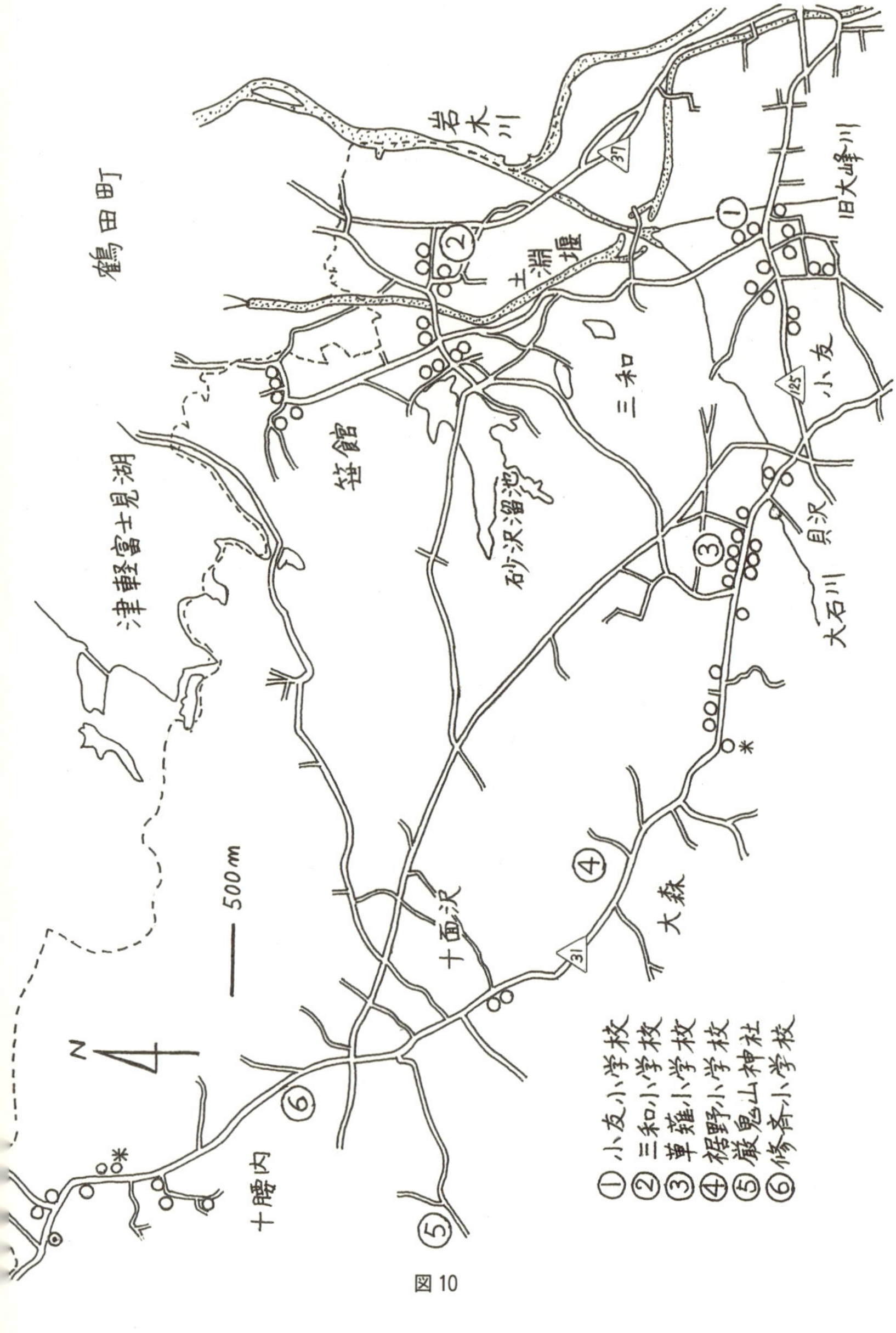
鶴田町
岩木川
旧大峰川
土淵堰
三和
小友
笹館
砂沢溜池
津軽富士見湖
貝沢
大石川
大森
十面沢
十腰内
500m
N
37
125
31
①小友小学校
②三和小学校
③草薙小学校
④楊野小学校
⑤巌鬼山神社
⑥修斉小学校

図 10

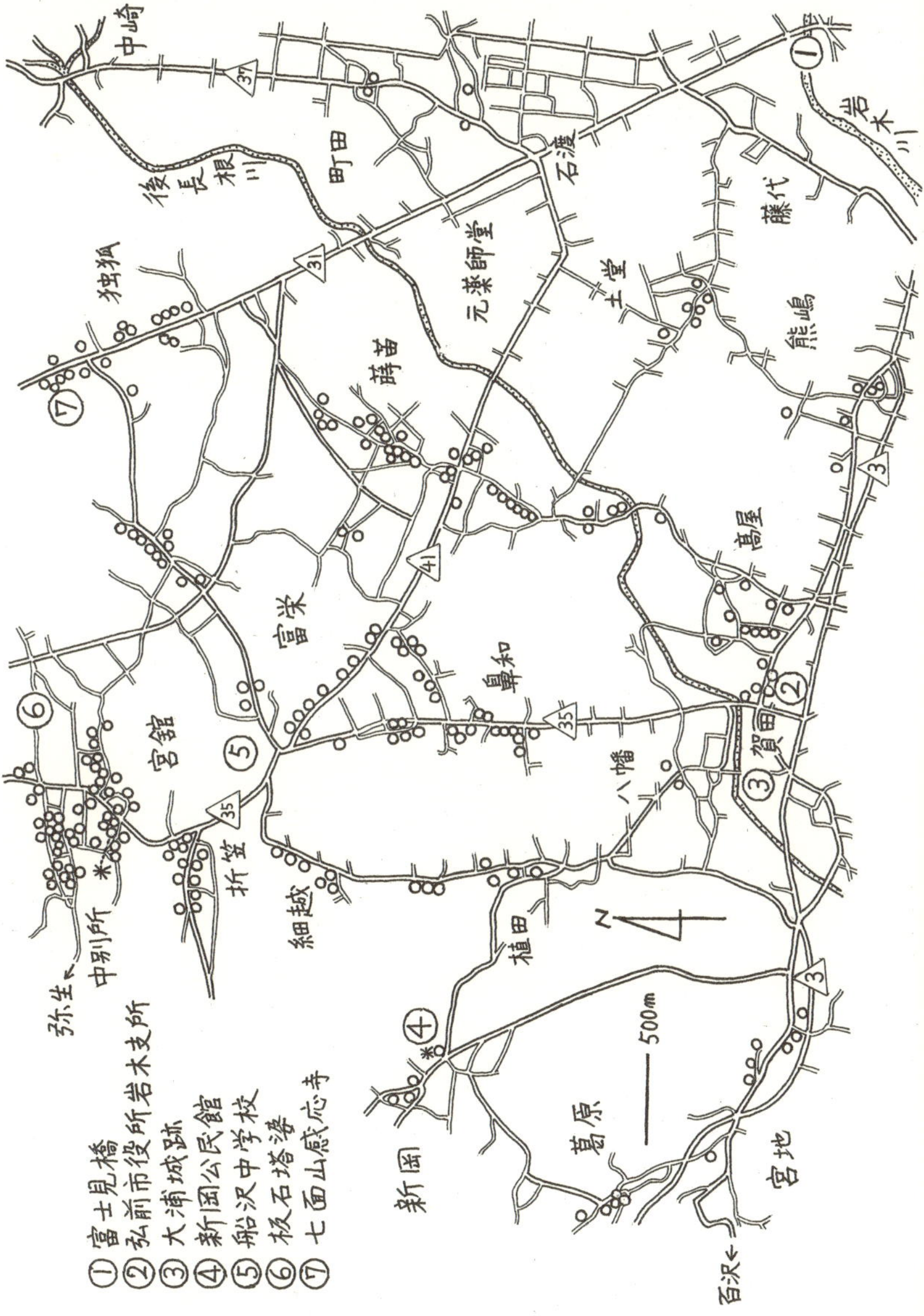
①富士見橋
②弘前市役所岩木支所
③大浦城跡
④新岡公民館
⑤船沢中学校
⑥板石塔婆
⑦七面山感応寺
中崎
後長根川
町田
石渡
岩木川
藤代
元薬師堂
独狐
蒔苗
土堂
熊嶋
富栄
高屋
鼻和
八幡
賀田
宮舘
折笠
細越
植田
中別所
弥生
新岡
葛原
宮地
百沢
N
500m

図 11

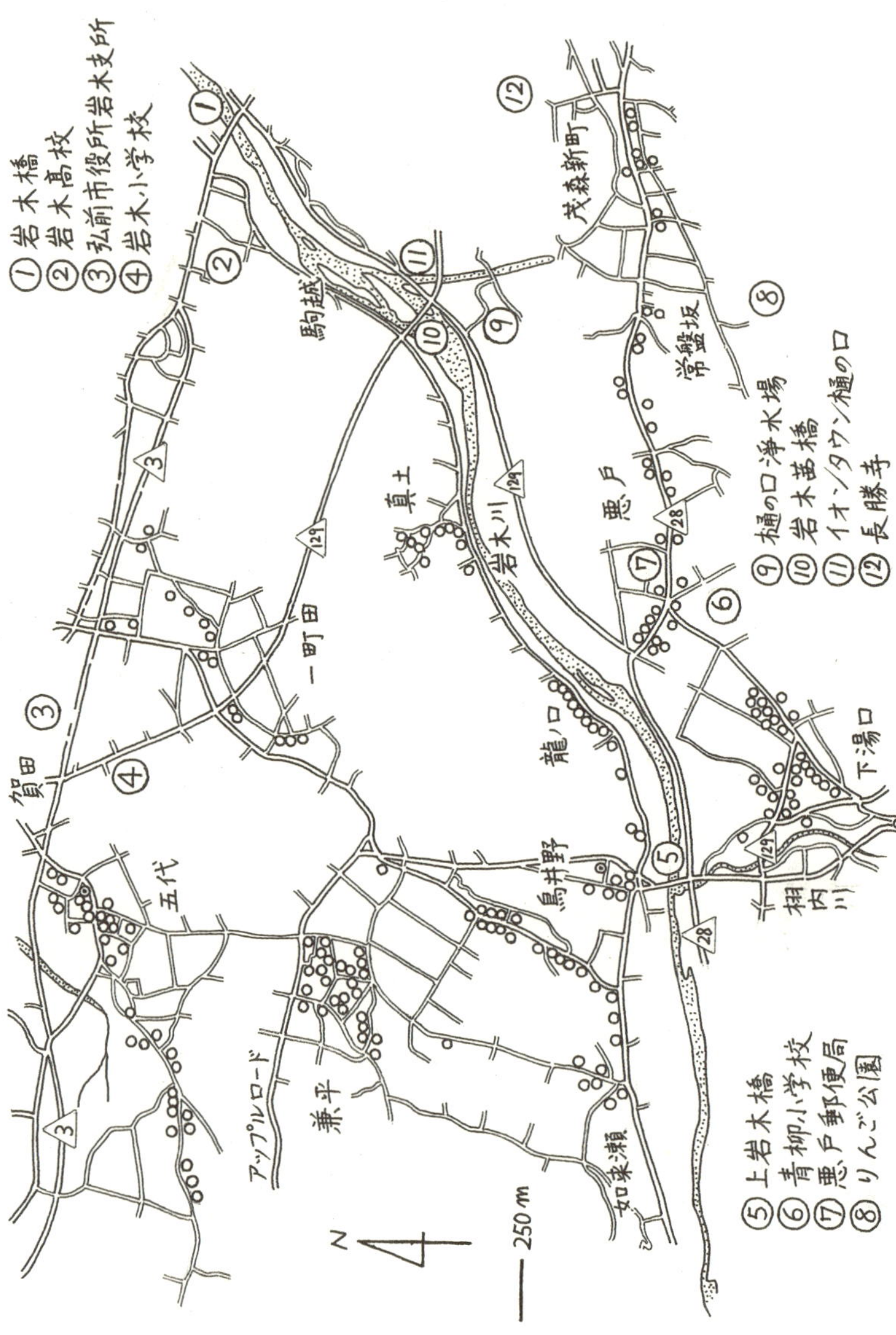
① 岩木橋
② 岩木高校
③ 弘前市役所岩木支所
④ 岩木小学校
⑤ 上岩木橋
⑥ 青柳小学校
⑦ 悪戸郵便局
⑧ りんご公園
⑨ 樋の口浄水場
⑩ 岩木茜橋
⑪ イオンタウン樋の口
⑫ 長勝寺
駒越
茂森新町
常盤坂
悪戸
真土
岩木川
一町田
龍ノ口
下湯口
鳥井野
栩内川
賀田
五代
兼平
アップルロード
如来瀬
N
250 m

図 12

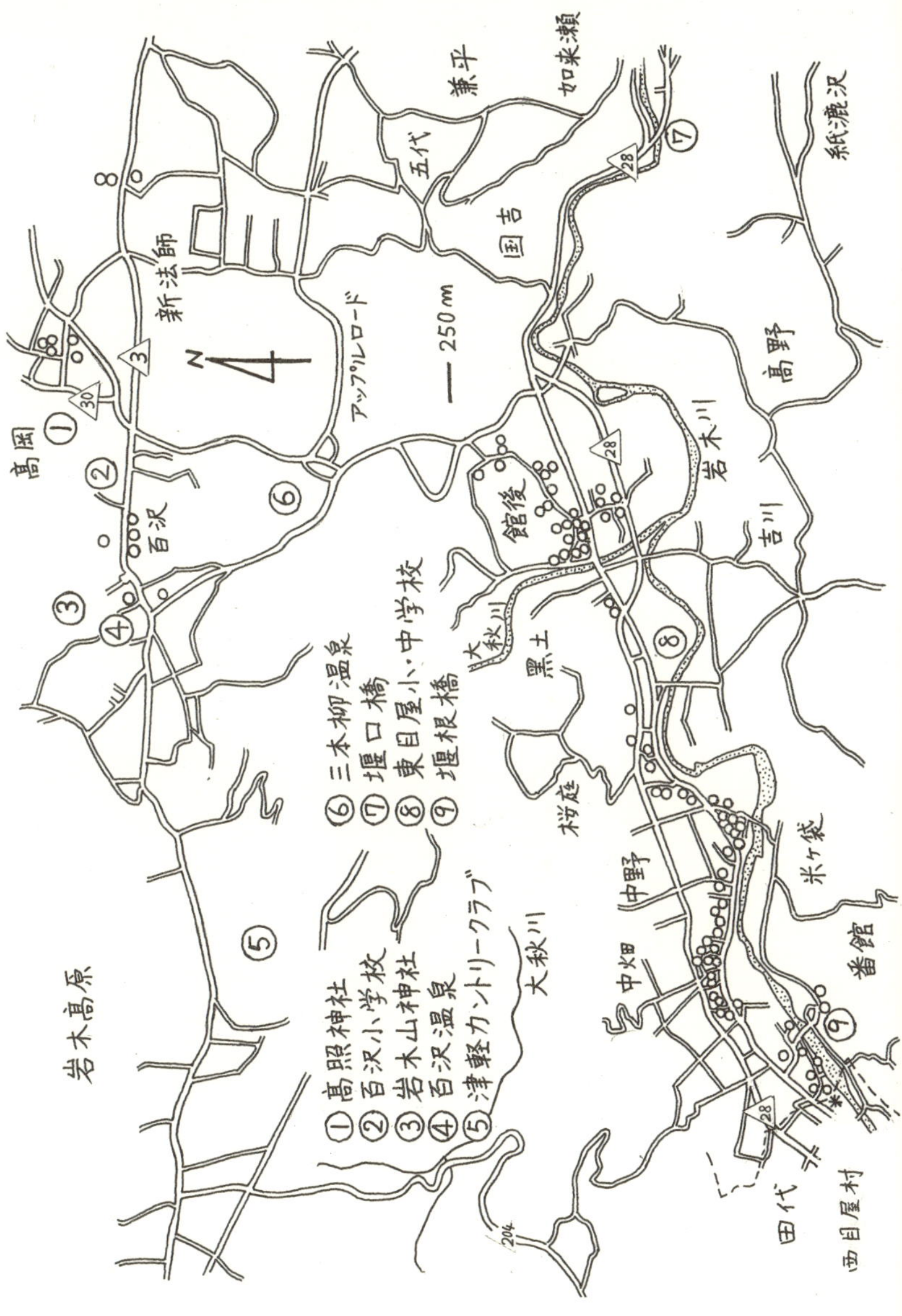
①高照神社
②百沢小学校
③岩木山神社
④百沢温泉
⑤津軽カントリークラブ
⑥三本柳温泉
⑦堰口橋
⑧東目屋小・中学校
⑨堰根橋
岩木高原
大秋川
高岡
百沢
新法師
五代
兼平
国吉
紙漉沢
高野
岩木川
吉川
館後
黒土
桜庭
中野
中畑
米ヶ袋
番館
田代
西目屋村
アップルロード
250m

図 13

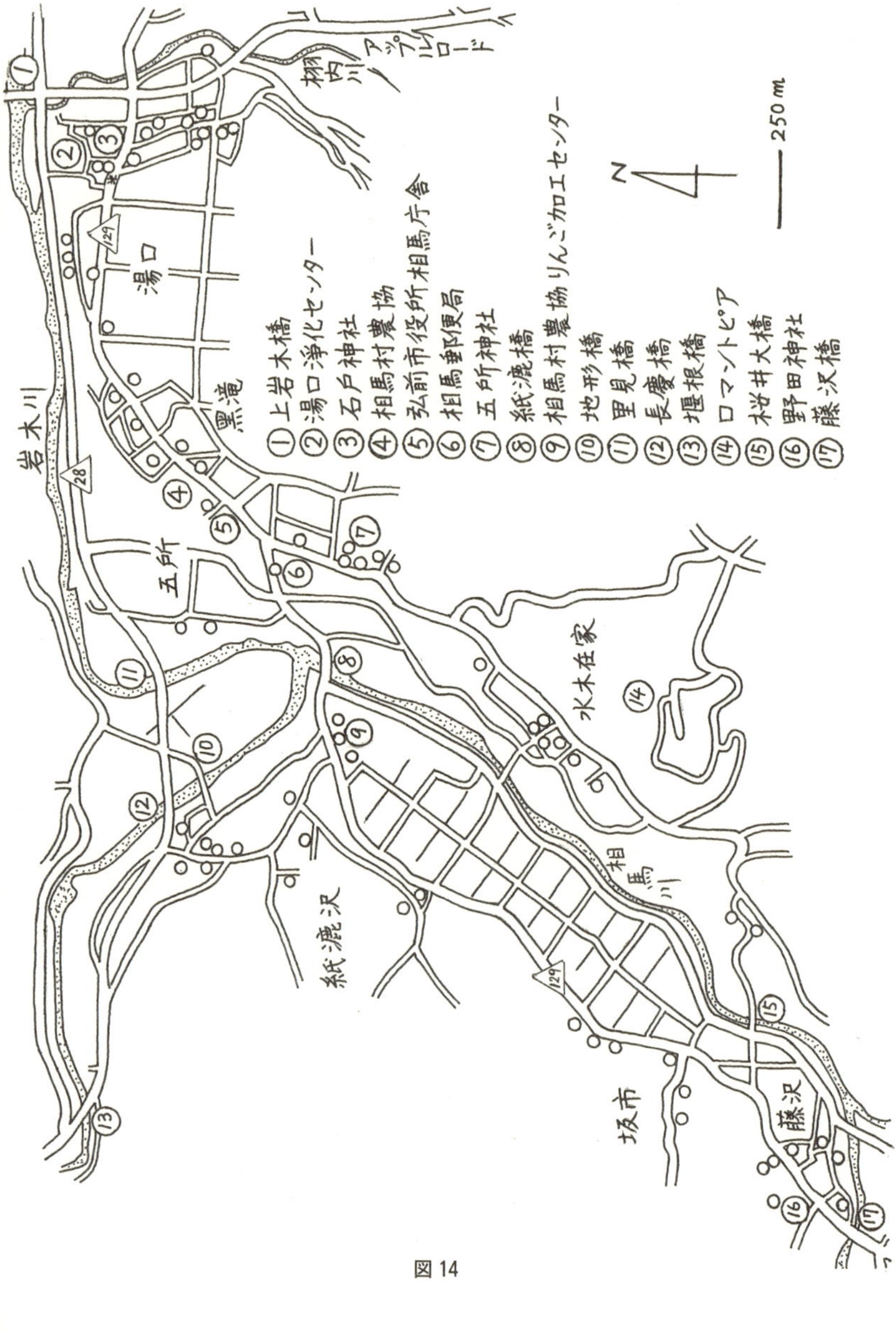
①上岩木橋
②湯口浄化センター
③石戸神社
④相馬村農協
⑤弘前市役所相馬庁舎
⑥相馬郵便局
⑦五所神社
⑧紙漉橋
⑨相馬村農協りんご加工センター
⑩地形橋
⑪里見橋
⑫長慶橋
⑬堰根橋
⑭ロマントピア
⑮桜井大橋
⑯野田神社
⑰藤沢橋
岩木川
湯口
黒滝
五所
水木在家
紙漉沢
相馬川
坂市
藤沢
栩内川
アップルロード
N
250m

図 14

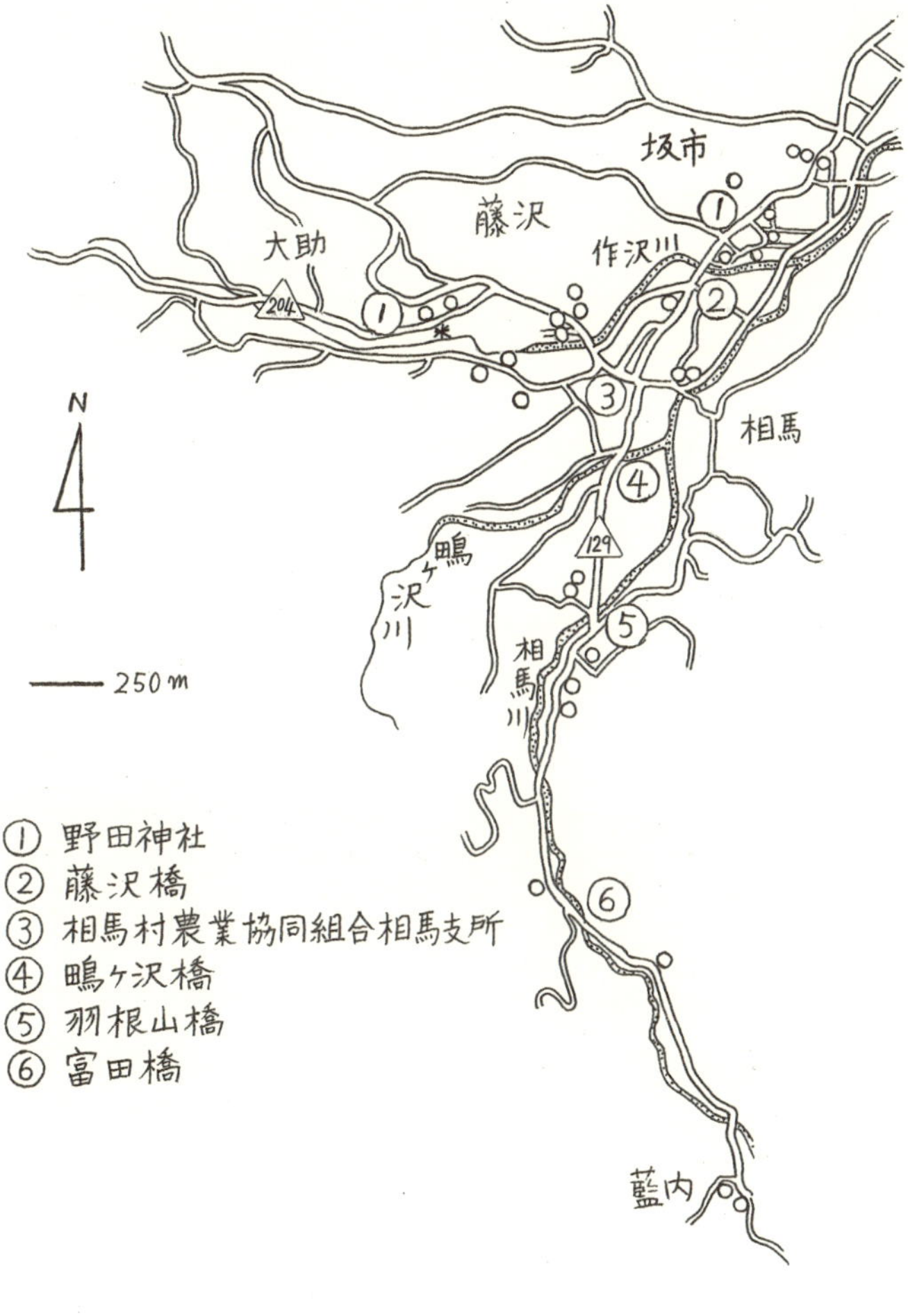
坂市
藤沢
大助
作沢川
相馬
鴫ヶ沢川
相馬川
藍内
204
129
N
250m
① 野田神社
② 藤沢橋
③ 相馬村農業協同組合相馬支所
④ 鴫ヶ沢橋
⑤ 羽根山橋
⑥ 富田橋

図15

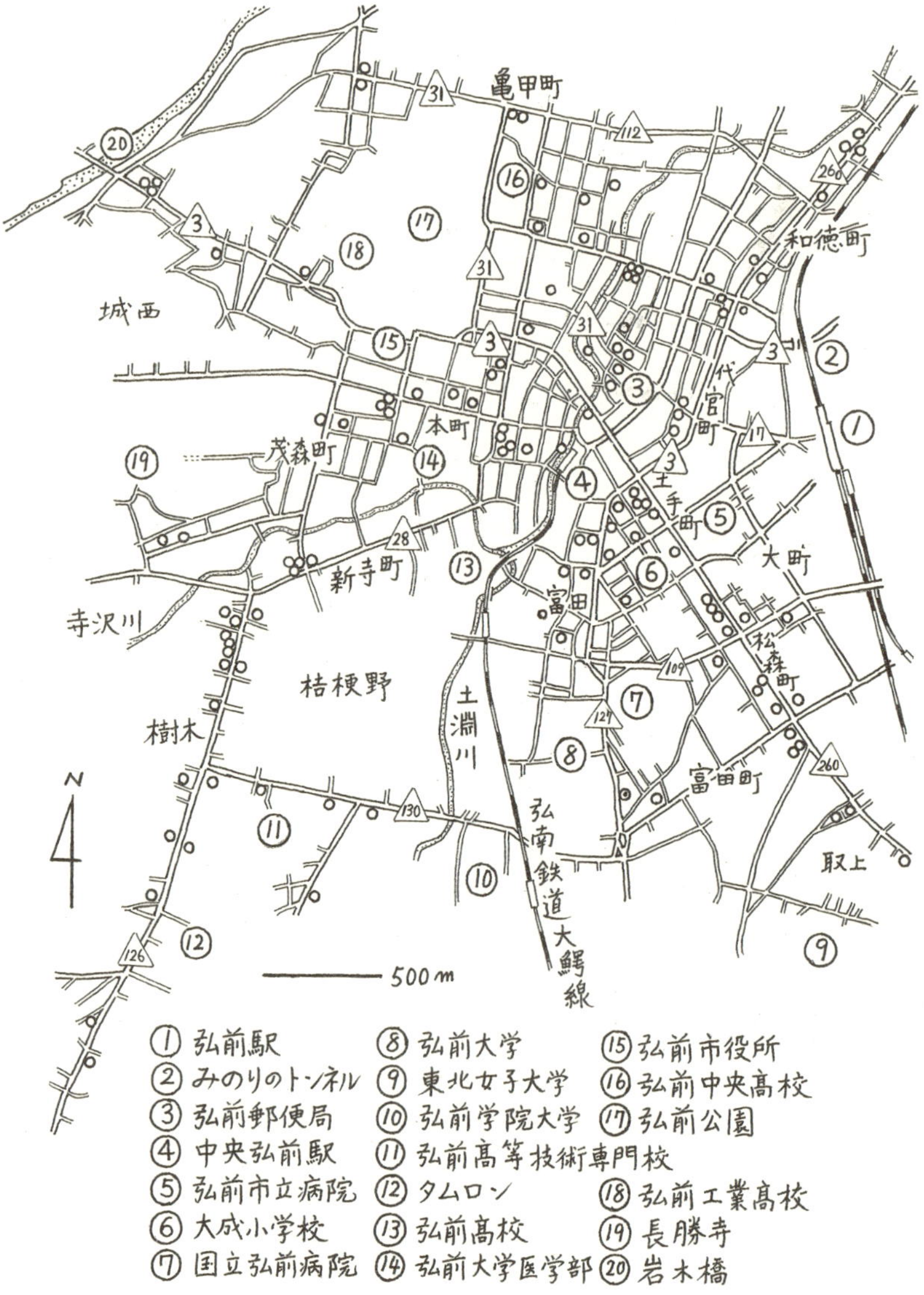
亀甲町
和徳町
城西
代官町
本町
茂森町
土手町
大町
新寺町
富田
寺沢川
松森町
桔梗野
土淵川
樹木
富田町
弘南鉄道大鰐線
取上
N
500 m
① 弘前駅
② みのりのトンネル
③ 弘前郵便局
④ 中央弘前駅
⑤ 弘前市立病院
⑥ 大成小学校
⑦ 国立弘前病院
⑧ 弘前大学
⑨ 東北女子大学
⑩ 弘前学院大学
⑪ 弘前高等技術専門校
⑫ タムロン
⑬ 弘前高校
⑭ 弘前大学医学部
⑮ 弘前市役所
⑯ 弘前中央高校
⑰ 弘前公園
⑱ 弘前工業高校
⑲ 長勝寺
⑳ 岩木橋

図 16

5　金屋の蔵

金屋は旧尾上町の1区域で、弘南電鉄黒石線の津軽尾上駅の2.5㎞ほど東にある。以前「顔を探しに」を書いていたとき、蔵の妻が顔に見える例があることを知り、もっと別な顔にも出会えるのではないかとこの地区をまわってみたことがあった。今回10年ぶりに再訪してみると、いくつか撤去された蔵もあるようだったが、大体は同じように比較的いい状態に保存されており、足場を組んで補修中のものもあった。

図17は金屋地区の中心部である。西は南田中の①バス停・田中十文字、東は⑤バス停・金屋十文字、北は李平の⑦木村食品、南は図の下端のバス停・金屋に囲まれた不等辺4角形の範囲で、ざっと計算してみると東西0.65㎞、南北0.92㎞、面積はおよそ0.3㎢である。

この図の範囲内に蔵は73あったが、もちろん隣接するところにも点々と続いている。

ざっと見まわったところでは蔵は比較的小振りなものが多いようであった。妻に家紋や屋号を付けてい

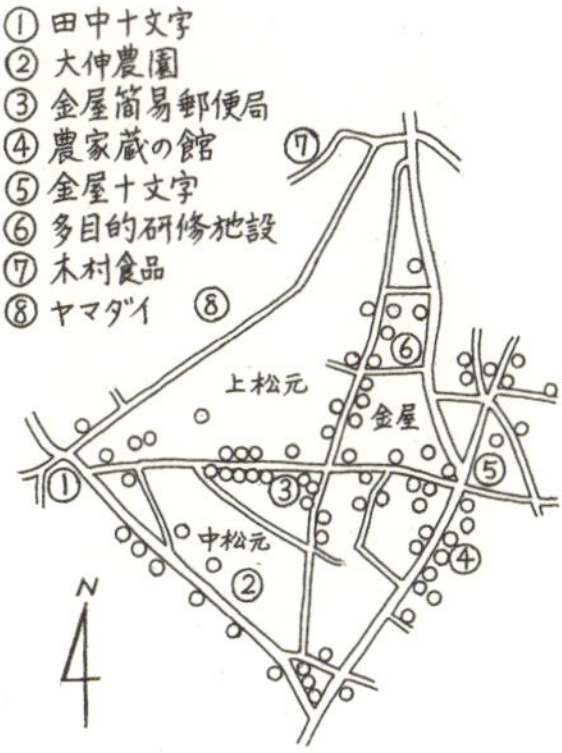

図17

るところは少ないが、窓の上などに唐草紋様の装飾が付いているところがかなりあり、それがこの地区の蔵のひとつの特徴かと思われた。

写真90、91、92はその唐草文様で、もともと蔓性植物の図案化ではあるのだが、龍や蛇のような動物に見えるものもある。写真92のように波しぶきのようなものが描かれているとなおさらで、私には海生爬虫類がのたうっているようにも思える。同じようなデザインが多く見られるので、同じ左官仲間の手になるものであろう。

写真 90

写真 91

写真 92

写真93は立派な蔵の左右の窓の上に見られる唐草文様で、この種の装飾の中では最も手の込んだものである。中央にバラのような花が咲いており、これと同じ花が窓の把手の基部にもついていた。4隅の柱頭の装飾は古代ギリシアのイオニア式であった。

写真94は小さい丹頂であるが、金屋ではこの種の本格的な鏝絵はこの他には見かけなかった。

10年ほど前、この地区の蔵が注目され、その保存と地域活性化のための活用が議論されたことがあった。平川市もその結果を踏まえてか、ある程度その保存には力を入れているらしく、保存状態のいい蔵の前のブロック塀には写真95のような「登録有形文化財・第〇号・この建造物は貴重な国民的財産です・文化庁」というプレートがはめ込まれていた。

写真 93

写真 94

写真 95

蔵の活用方法については当時弘前大学の先生やサークルの学生らがギャラリー、コンサートホール、レストランとしての利用などあれこれアイデアを語っていたようだが、私は街並や蔵の状況を眺めながら、もっと現実的な議論が必要ではないかと思っていた。案の定、いま見回ってみても目に見える形で積極的に活用されているらしい場面は見ることができなかった。こんなことを言っては申しわけないが、彼等がこの地域の人口や経済などの状況をどの程度認識して発言していたのかが問題で、単なる思いつき程度のものならば止した方がいい。これまでの私の印象では、この蔵の問題に限らず彼等の大甘のアイデアは大体が言いっぱなしで、小学生の社会科の見学とさしたる違いはない程度のレベルのように思える。

それと、私にはよく分からないが、一旦こういうふうに「文化財」として指定されてしまうと、所有者が蔵を処分したい（潰したい）と思っても思う通りにならないだろうし、保守管理の費用や無用になった蔵を保持していることに対する報奨金はあるとしてもどの程度のものなのかとかいろいろ問題があるように思える。

図17の④に「農家蔵の館」という施設がある。蔵を見に来た観光客らのための案内所のようであったが、私が行ったときは3回とも鍵がかかってひっそりしていたし、中に何か展示物があるのかどうかも分からなかった。

写真96はその入口にあった立看板である。ガイドを希望するときは係まで連絡して下さいということだが、この「町内から苦情が出ておりますので自由散策等固くお断りしております」というのはどういうことか。無遠慮に断りなく屋敷内に入り蔵を覗こうとしたりするような輩がいて迷惑をかけているのならその旨を直截にはっきり書くべきで、自由散策を断るなどという書き方は適切ではないと思う。これでは私のように単に道路を歩いて見回ることまで迷惑視しているような表現ではないか。

前にも書いたことがあるが、以前、平川市の職員に金屋に蔵が多い理由を尋ねてみたところ、「この地区の住民は生活態度が比較的堅実であったから多少の蓄えがあったのではないか。そんな中で蔵を建てることがひとつの流行のようになり、皆が家の面子を保とうとした結果だと思う」というような返事であった。普段堅実であった筈の人達でも、他人が蔵を建てたのを見ると周囲に後

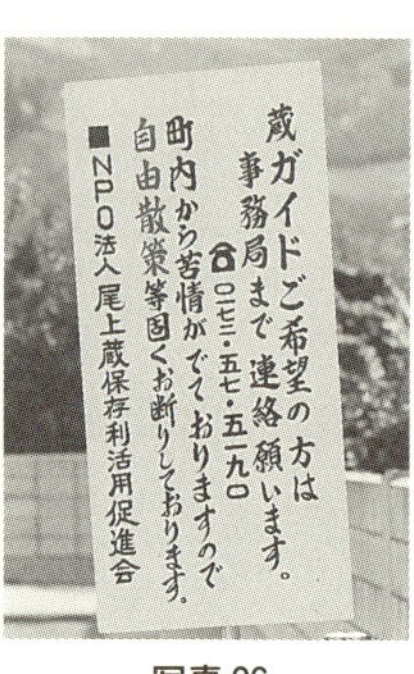

写真96

れを取りたくないという意識を克服出来なかったわけで、同様のことは日常にいくらでもある。しかし、農村部で開発の波が及んでないところではこの金屋以上に蔵が残っているところは弘前でもたくさんある。農業経営に必要だから建てたのであって、見栄とか面子とかという面も確かにあったと思うが、それが蔵が多い主たる要因だということにはならないのではないかと思う。

この項の最後に、ここを歩く時の御注意をひとつ。図17（P.93）を見ていただきたい。狭い区域ではあるのだが、ちょっと迷いやすいということである。まず、図の左側、北西から歩いてきて①バス停のあたりに来ると、地図ではほぼ4叉路で、そのうちの2本の道路は少し進んでから左右に分岐するように記されているのだが、実際はすぐに分岐していてほぼ6叉路のようになっているのである。そのためうっかりすると自分が行こうと思っていた道とは別な方向に進んでいたということになりかねず、私はここで2度間違った。間違いに気付いたら元の地点に戻ってその隣の道を進んでというふうにすればいいのだが。それと、この区域は道路が菱形に走っているので、歩いているうちに方角が分からなくなってしまいがちである。

以前、タクシーの中で運転手とこの地区の蔵のことを話していた時、彼がふと「自分はあそこでよく迷うんだよな」とつぶやいたことがあり、迷いやすいのは私だけではないことを知った。ここを迷わずに歩くには地図が必要なことは勿論だが、①のところで近所の人に③金屋簡易郵便局へ行くのはどの道かを確認することである。この郵便局の近くの4叉路を中心に歩けば迷うことはありませんよ。

Ⅲ　怪しい道路案内標識板

国道、県道、それに市道でも交通量の多い主要な通りなど幹線道路には「道路案内標識板」(以下「道路表示」)が掲げられており、その先にある市町村名、主要施設名、観光地などが記されている。外国人にも分かるように漢字の下に地名はローマ字綴り(?)で、主要施設や観光地などは英語での表記が添えられているが、少し注意しているとかなり怪しい部分も見えてくる。

1　「おわに」、「ときょ」、「ちゅおどり」

写真97は県道260号線のもので、大鰐がOwani、大館がOdateになっているが、この部分を普通に読めば「おわに」、「おだて」で、「おおわに」、「おおだて」にはなっていない。こういう状況はここだけではなく、全部がこの調子である。もう少し例を挙げておこう。**写真98**は野田にある別な道路表示で、ここでは中央通りがChuodoriになっており、このまま読むと「ちゅおどり」である。また、**写真99**のように弘前モータースクールの運転練習コースに立てられている中央通りの方は「Tyuô-Dori」になっており、そのまま読むと「ちゅおーどり」である。なお、「ちゅ」を「Chu」と書くのはヘボン式、「Tyu」は訓令式表記法である。日本語のかな表記に忠実に書けば「Chuuou-Douri」の筈である。

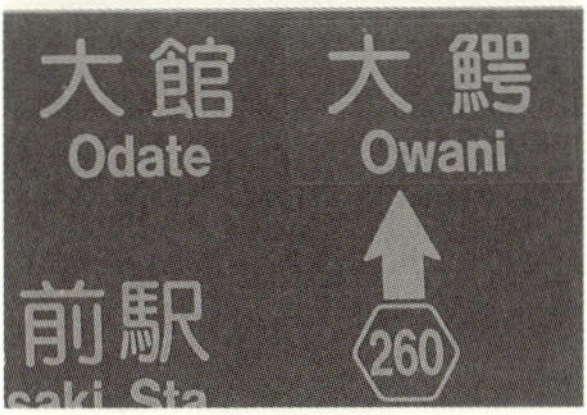

写真97

写真98

写真99

　前著「気になる光景」でも述べたことだが、津軽弁では「ちゅうおう」が「ちゅお」に、「どおり」が「どり」というふうに短縮して「ちゅおどり」に、大鰐も「おおわに」でなく「おわに」に、「東京、京都、大阪」も同様に「ときょ、きょと、おさか」と寸詰まりの発音になるが、Owani TOKYO KYOTO OSAKA などは、まさにこの津軽弁の発音に忠実な表記になっているのである。

これは、日本語の「お おお おう」という発音を「O OO OH Ô OU」などとせずに、一把一絡げに英語の用字法の「O」を用いているからである。

因みに地図帳ではどうなっているかを見ると、昭文社の「クイックマップル青森」では大鰐町（Ôwani-Machi）、大館市（Ôdate-Shi）、大間（Ôma-Machi）、東通村（Higashidôri-Mura）、東北町（Tôhok-Machi）などは「O」が使われているのに対し、相馬村（Soma-Mura）は「そまーむら」、階上町（Hashikami-Cho）は「はしかみーちょ」である。つまり、道路表示と地図の表記には違いがあるし、同じ地図でも違いがあるということである。

このTOKYOなどの書き方について、受験研究社「ローマ字基本ノート」という小学生向けの練習帳には次のように書かれている。

【のばす音は、母音の上に「＾」または「￣」をつけます。

れい　okâsan（おかあさん）　otôsan（おとうさん）

ただし、人名や地名、日本語から英語になった言葉などは、この記号をつけないで書くこともあります。

[れい] KATO（かとう） TOKYO（とうきょう） sumo（すもう）】

つまり、のばす音には長音符号を付すのが原則だが、人名、地名などはこれを省略することもあるとなっている程度で、それが推奨されているわけではない。

ローマ字表記のもうひとつの原則は「かな書きの通りに入力する」ことである。

【ローマ字入力は、かな書きのとおりに入力します。

[れい]「お兄さん」onîsan → ONIISANN】とある。

しかし、この二つの原則には矛盾するところがある。

大鰐は長音符号を付してOWANIと書けば問題はないが、これは地名だからこの符号を付けなくてもよいという例外規定を適用して単にOWANIと書いたのでは、ローマ字入力は、かな書きのとおりに入力するという原則に反することになる。大鰐はかな書きすれば「おおわに」であって「おわに」ではないからである。TOKYO KYOTO OSAKAなども同様である。

もうひとつの問題点は、のばす音には何でも長音符号を付けさえすればいいように書いてあるが、長音記号は通常は本来の日本語の表記には用いられず、ほぼ外来語に限られることである。「お父さん」は「おとうさん」であって「おとーさん」とは書かない。「のんきなとーさん」とか「やくざのおにーさん」、「エッチなおねーさん」など漫画やふざけた書き方の場合だけである。

したがって、長音符号はあくまで最低限の妥協的方式で私自身は正直あまり気が進まないが、これを付して otôsan なら、まあこれで仕方がないかと思う。「OWANI」よりも「ÔWANI」のほうがはるかにいい。しかし、かな書きの通りに書くなら otousan だし、大鰐、東京、京都、大阪も OOWANI TOUKYOU KYOUTO OOSAKA になるだろう。

ローマ字綴りはアメリカ人のヘボン（ヘップバーン James Curtis Hepburn）が考案したものである。彼は宣教師・医師で、日本での施療の傍ら英語を教え、1867年には日本最初の和英辞典を出版したのだが、欧米人が漢字や仮名で書かれた日本語を読んだり、正確に発音を聞き取り記録したりするのに便利なように、振り仮名として考案したのである。

近年は日本に住む外国人が増えてきたこともあって、看板の企業名や道路標識や公共機関などの表示にもローマ字綴りが併記されることが多くなったのは当然の流れであるが、右のようにローマ字綴りと英語の綴りが入り混じった状況にもなっているといえる。

つまり、ヘボンは欧米人が日本語をできるだけ正確に読み、書けるようにとローマ字を考案したのだが、現在の「O」の書き方では日本語をいびつに発音、表記することになりかねない。ヘボンの精神をもう一度振り返ってほしいと思っている。

ちょうどこの文章を書いているとき、たまたま芥川比呂志の「サー・ジョンについてのお喋り」という随筆にいきあった。芥川がロンドンで観劇のあとサー・ジョン（ジョン・ギルグッド）と面接する機会に恵まれ、その数日後に昼食会に招かれた時のことだが、その直前に事務局の職員から「トノさんとおっしゃる方がお見えになっていらっしゃいます。お会いになりたいそうです」と告げられる。

「分からないんですね、これが。そんな友達はいやしない。殿木、真戸野なんていう昔の学校友達や知り合いの名前が、とっさに頭に浮かびましたが、どうもピンと来ません。『失礼。よく分からないのですが、どんな方ですか。』『ですから、あなたのお友達です。』日本の俳優です……ああ、お見えになった』

その声に応じるように、ロビーの向こうから、やや困惑したような独特の微笑を満面にたたえながら、ちょっと肩を聳やかすようにして、まっすぐこちらへ向かって歩いてきたのは、まぎれもない、東野英治郎さんじゃありませんか。びっくりしましたね。あの時は。

トノさんとトーノさんとは、イギリス人にとってはほんのちょっとした違いかも知れませんが、私たちにとってはたいへんな違いです。カトさんから加藤さんを連想するのは易しいが、シノさんと言われると、どうしても、篠、志野という字が先に立ってしまって、それが椎野さんのことだと分かるまでにはだいぶ時間がかかる。まして、あなたのお友達なんて言われて、東野さんを思い出すはずがありません。大先輩ですからね。」

「O」についての逸話をもうひとつ。アイナメ（アブラコ、アブラメ）の学名はHexagrammos otakii Jordan et Starks であるが、長辻象平「釣魚をめぐる博物誌」によると、この種小名「otakii」はシーボルトの日本人妻楠本滝をしのんだものであると説明している本が複数あるという。アジサイの学名 Hydrangea otakusa Sieb. et Zucc. の「otakusa」がお滝さんに因むものだと言われていることが頭にあってのことらしいのだが、アイナメの方の「otakii」は大滝圭乃助という魚類研究者のことで、お滝さんとは全く関係がないのである。ラテン語での表記でお滝の「お」と大滝の「おお」がどのように区別できるのかちょっと分からないが、私は「otakii」ではなく「ootakii」に改めて、妙な誤解が生じないような計らいが必要だろうと思う。

2　Oで遊ぼう

看板やスポーツ選手のユニフォームなどで「お、おお、おう」をローマ字書きしているものはかなりあるので、少しそれらをひやかしてみようと思う。

①　名字

日本には名字が29万余りあるという。これは、たとえば「小山」であっても読みが「こやま」、「おやま」と違えば別々の1件として数えたものだから、かなり割り引く必要はあるが、それでも世界的に見て突出した数字である。

弘前市の電話帳で問題になりそうな名字を探してみると、工藤や佐藤のように「藤」の付くものが多い。「阿藤、伊藤、宇藤、江藤、加藤、紀藤、工藤、後藤、近藤、斎藤、佐藤、進藤、須藤、清藤」などだが、これらをローマ字書きした場合、末尾が「TOU」「DOU」あるいは「TÔ」「DÔ」になっているなら問題はないが、「TO」「DO」だと妙なことになる。「あと、いと、うと、えと、かと、きと、くど、ごと、こんど、さいと、せいど」など、声を出して読んでみればいい。右の「トノ」さんと同じ状況だし、さまざまに面白い読み替えも出来る。右のローマ字練習帳の「人名は長音符号を付けなくてもよい」というようなことにはならぬ筈である。

私の大西という名字も「ONISHI」ではよく分からない。「尾西」などという名字はあるのではないか。「ŌNISHI」、「OONISHI」、「OHNISHI」のどれかだが、私は「OHNISHI」がいいかなと思っている。電話帳に載っている弘前市の名字のうち、石郷岡、本堂、鉋六（ほうろく、鉋は「かんな」）、明珍なども注意せずばけったいなことになりまっせ。

② スポーツ選手のユニフォーム

テレビでスポーツ中継を見ていると、選手のユニフォームに見られるチーム名や選手名の書かれ方が気になる。

まず2015年選抜高校野球ではチーム名だけをみてゆく。

初日、大阪桐蔭のユニフォームの胸には**写真100**のようにTŌIN、上腕部分にはOSAKAで、TŌINとOSAKAの表記方法が異なっている。光星は**写真101**のようにKŌSEI、KOSEI（孤星）だが、光る星を目指すならKŌSEI、KOHSEI、KOUSEIにすべきである。常総学院は漢字表記。

写真100

写真101

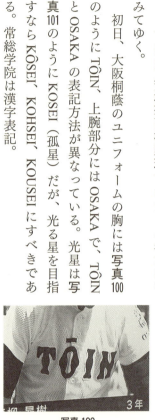

第2日、和歌山の桐蔭は Toin で、コインのような響きもする字面である。これでは桐蔭という言葉の品格が台無しになってしまう。

第4日、大曲工業は漢字表記。OMAGARI（尾曲り）になってなくてよかった。県岐阜商は GIFUSHO、松商も MATSUSHO であったが、長音符号を付すか U を入れるかすべきだろう。近江はきちんと OHMI になっていた。

第5日、宇部鴻城は KOJO だとさ。「鴻」は「大きい、広い」という意味だから、鴻城は大きな立派な城のこと。KOJO などと書かれてはたまらない。地元は何とも思わぬものかな。弘高や弘工が HIROKO（弘子）になっていたりはしないだろうね。

第6日、東海大四は Tokai（都会）、豊橋工業は TOYOHASHI KOGYO（古魚）であった。

プロ野球のチームは、フランチャイズ（本拠地）、親会社の企業名、球団名が組み合わされてさまざまに呼ばれている。

チームごとに見てゆこう。

ソフトバンクの大隣は OHTONARI になっている。OTONARI（お隣）でなくてよかった。

オリックスは OSAKA だったが、東明は TOHMEI　伊藤は ITOH であった。

北海道日本ハムの北海道が HOKKAIDOU でなく HOKKAIDO になっている。大谷はきちんと OHTANI になっていた。もし OTANI（おたに）なら漢字に戻せば「小谷」にもなるところだった。大野も ONO なら「小野」になってしまう。近藤は KONDOH、斎藤ユウキは

SAITOH。

東北楽天ゴールデンイーグルスでは TOHOKU とある。日本ハムと楽天の試合は「ほっかいど」と「とほく」の対決である。大久保監督は OHKUBO、後藤は GOTOH、武藤は MUTOH になっている。

ロッテの大嶺は OHMINE、加藤は KATOH になっている。サブローはどうか。

巨人では 斎藤コーチは SAITOH、金城は KINJOH だが、長野は CHONO（ちょの）になっている。

阪神の能見は NOHMI、安藤は ANDOH だったが、光星出身の北条はどうか。あまり出番はないようだから分からないが、HOJO などにはなってないだろうね。「ほじょ」なら補助だからいつまでもこういう状態かもしれない。

広島の大瀬良は OHSERA。

中日は CHUNICHI（ちゅにち）だった。かな表記どおりに書くと CHUUNICHI だが、これは長くなるから U に長音符号を付けて CHÛNICHI のほうがよさそう。大島はきちんと OHSHIMA。

DeNA の 筒香は TSUTSUGOH、井納は INOH だが、飛雄馬は HYUMA（ひゅま）。

ヤクルトの大引は OHBIKI、大西は OHNISHI だが雄平は YUHEI（ゆへい）。

「おお、おう」は大抵「OH」になっていて、ほぼいいと思うが、ほかに直した方がいいと思われる選手も少しいる。他のスポーツのテレビ中継もチェックしたが、限りがないのでここで終りにして、また街へ出てみよう。

③　看板

目に付くのはローマ字書きした看板の類である。

i　てふてふ

写真102は新鍛冶町の「フォーク酒 BAR てふてふ」の看板で、よく出来ていると思う。若い人の中には「てふてふ」が「ちょうちょう」のことであることを知らぬ人がいるかもしれない。

このてふてふの脇に「CHO-CHO-」とあるのを、はじめはよく注意せぬままにこれでは「ちょちょ」ではないかと思ったが、「-」は長音符号のつもりで「ちょーちょー」と書いたのではないかという気もしている。

写真 102

しかし、これではローマ字とかなの書き方が奇妙に入り混じっているというしかない。日本語では長音符号は原則として外来語に用いられ、「てふてふ」は発音は「ちょーちょー」であってもかな書きは「ちょうちょう」（もしくは「ちょうちょ」）であるから、かな書きに忠実にローマ字書きすれば「CHOUCHOU」もしくは「CHOUCHO」だし、長音符号をつかえば「CHÔCHÔ」もしくは「CHÔCHO」となる。

ii　交番と小判

写真103は桝形交番である。「交番」（こうばん）は「KOUBAN」であって「KOBAN」はおかしい。これでは「こばん」としか読めない。「KOBAN」などと書いてすまし顔をしていられるのは、殆どの人がすでにここが「小判」を売っているところでなく交番であること、そしてどういう施設であるかを知っているからにほかならない。今は日本に来る外国人のほとんどは片言の英語は分かるだろうから、ローマ字書きよりも英語で「POLICE」とする方がいいと思う。ローマ字書きしたものを読んでもらっても、「コバンって何ですか」となるのが関の山だろう。つまり、交番をローマ字書きする意味はないのではないかということである。それに何よりもここは日本国なのだから、きちんと「交番」と書いて、その下に幾分小さく「POLICE」とすべきである。

写真 103

写真 104

iii　じょと電気

写真104は城東5丁目の城東電気入口の壁にあるパネルで、看板と呼ぶには小さすぎるかなという感じである。ローマ字書きが主で、その下に本来の漢字の企業名が近寄らないと分からぬほど小さく書いてある。「JOTO DENKI」はそのまま読むと「じょと　でんき」である。これを城東電気と正しく読んでもらうためには「JOTO」は「JOUTOU」とか「JÔTO」などとすべきだが、何でもかんでもローマ字書きを併記する必要があるかどうか。これが画期的な製品を開発して外国からも取引を希望する業者が訪ねて来るような会社なら「JOUTOU DENKI」あるいは「JOUTOU Electric」でもいいだろうが、付近の住民相手の街の電気屋さんなら「城東電気」だけで充分だしその方が分かりやすく好感が持てる。

iv　その他の遊べるローマ字看板

写真105は大町3丁目の太陽地所の駐車場にある看板である。携帯電話の表示が taiyojisho になっており、そのまま読むと「たいよじしょ」、漢字に変換すると「貸与地所」もしくは「貸与辞書」である。

写真106は上土手町の東栄ホテルのローマ字表記

写真 105

写真 106

部分である。東栄がTOEIになっており、ふつうに読めば「とえい」で、漢字にすれば「都営」である。弘前に都営ホテルがあるらしい。

写真107はTOSHIN。東奥信用金庫のようだが、読みは「としん」。弘前の「都心」である。

写真 107

写真108は代官町の石田パン店の3軒隣にある秀印堂というはんこ屋の看板である。Shuindoはそのまま読めば「しゅいんど」で何のことか分からない。上に「はんこや」とあるから「Shuin」は「朱印」、「do」は「どう」又は「どー」で「堂」でどうだろうかくらいは思いつくが、「秀印」はちょっと遠いかもしれない。

写真109は同じく代官町の全国家庭教師普及協会の弘学館の看板で、こちらはきちんと「こうがくかん」と読める。こういうふうに正確に書かれているのは珍しいといっていい。

写真 108

写真 109

写真110は代官町の家庭教師ネットワークのKATEKYO学院の看板だが、これも「かてきょ」。こういうところで小学生にローマ字の書き方を教えることはないと思うが、もし教える機

会があるならきちんと原則に則った書き方をしなければならない。

写真111の土手町の天賞堂はTENSHODO（てんしょど）。「てんしょ」は添書（添え書き、紹介状）、篆書（古代中国の書法）、「ど」は「怒」、「努」、「奴」くらいしか思い浮かばない。

写真112は代官町の損害保険ジャパン日本興亜の看板だが、koua でなく koa になっている。

紀伊國屋書店の横からからみちのく銀行弘前営業部までの上代官町の通りには、このようにこの種のちょっと気にかかる物件が目白押しである。

写真113は薬王堂。YAKUODOは「やくおど」で、「厄年のおど（おやじ）」写真114は弘前駅

写真110

写真111

写真112

写真113

前にある東横イン。TOYOKO innで、「豊子の宿」か。

この種の表示は探せばいくらでも見つかるはずである。この程度にしておくが、当事者がこういう表示を何とも思わぬものかなと不思議である。そもそも何のためにローマ字表記するのかを考えてみることが必要で、ただ漫然とローマ字書きしている無意味な例が多いと思う。漢字はダサい、横文字はカッコいいとでも思っているのだろうか。

先日テレビで防災訓練の様子が放映されていた。その中で「BOSAI」と書いた幟がはためいていたが、こういう言葉をローマ字書きすることの意味は全くないし、滑稽ですらある。こういうものを作る担当者と話をしてみたいものだと思う。ローマ字を読んで「ぼさい?」、ややあって防災のことかと気づくと、ばかばかしさが先に立つ。必要性がないだけでなく、これは漢語であるから、右の「人名や地名、日本語から英語になった言葉などは長音符号を付けないで書くこともある」という簡単な原則にさえ抵触している。「ぼさい」という言葉はあるかと国語辞典を見ると「募債」(公債、社債などを募集すること)があった。「ぼうさい」はというと「防災」、「防塞、防砦」、「亡妻」があったが、「亡妻」も「BOSAI」(ぼさい)とか「BÔSAI」(ぼーさい)などと書かれたのでは成仏できないだろう。また、たとえば「毎日運行しています」の運行を「unko」と書けばどうなるか、バーカ。

写真 114

3　Mt.Iwakisan & Hirosakijo Castle

写真115は県道109号線の道路表示の一部である。岩木山の下にMt.Iwakisan、弘前城の下にHirosakijo Castleとあるが、この横文字部分を日本語に戻すと岩木山・山、弘前城・城というふうに「部分的な同語反復」になっている。

アフリカや南米では植民地時代にやってきたヨーロッパ人が、原住民が単に「山」とか「川」と呼んでいた一般名詞を固有名詞と勘違いして、それに自分たちの言語の「山」や「川」を付して呼んだために、「川・川」「山・山」になっている例が少なくない。たとえば、南米第3の大河でベネズエラを東流するオリノコ川Rio Orinoco。Orinocoとはインディアンのカリブ語で「川」のことだが、それを知らぬスペイン人がこれにスペイン語のRio（川）を付したために、結局語源的に「川・川」になっている。

写真115

津軽では岩木山のことを「おやま」という。昔はそれが普通だったと思う。もしその頃日本を植民地にしようとスペイン人がやってきたとすれば、「おやま」がこの山の固有名詞だと勘違いして、これにスペイン語の「Monte（山）」をつけて「Monte Oyama」とでもしたかもしれないということである。

なぜ岩木山がMt.Iwaki　弘前城がHirosaki Castleではいけないのか。同じような山や城を考えてみればいい。富士山はMt.Fuji もしくはFujisanであってMt.Fujisanとは言わないだろうし、姫路城は単にHimejijouであってHimejijou Castleなどとは言わないのではないか。

写真116の十和田Lake Towadako　**写真117**の長勝寺Choshoji Temple　**写真118**の東照宮Toshogu Shrineなども部分的同語反復である。

富士山や姫路城などは世界遺産であり観光スポットだからFujisanやHimejijouで外国人観光客にも分かるが、それより知名度の低い物件にはMt.やCastleを付けないと、山や城であることがすぐには分かってもらえない。岩木山、弘前城、十和田湖などという呼称を丸ごと保持しつつ、それぞれが山であり城であり湖であることが外国人に分かりやすいようにと配慮した結果ですと国土交通省は言い訳をするのだろうが、これでは右の植民地の遺物的地名と同じである。中国や韓国などでもこんなふうに他国の観光客に迎合したような表示になっているのだろ

写真 116

写真 117

写真 118

うかといつも思う。

しかし、岩木山と弘前城の表示に注意を払いながら市内を歩いてみると、全部がMt.IwakisanとHirosakijo Castleになっているわけではなくて、写真118ではMt.IwakiとHirosaki Castleに、写真119ではMt.IwakisanとHirosaki Castleに、写真120ではIwakisanとHirosaki Castleになっているなど、錯綜していることが分かった。十和田湖もLake Towadakoのほかに写真121のようにLake Towadaになっているものもある。これらの変化がMt.IwakisanやHirosakijo Castleという表記のあり方に疑問を感じて生まれたものなのかどうかは分からないが、少しずつお利口さんになりつつあるような気もしている。

しかし、Mt.IwakiとHirosaki Castleのような書き方をすればすべてうまくいくというわけでもないことは私も重々認識している。たとえば長勝寺を現在のようにChoshoji Templeと書いておけば分かりやすいが、Choshojiの「ji」を取って「Chosho Temple」としたのでは、何のことやらさっぱりわからなくなる。長勝寺は長勝と寺に分けると無意味に瓦解してしまう固有名詞だからである。東照宮の

写真 119

写真 120

写真 121

場合も同様である。したがって本来はChoshoji、Toshoguとすべきところではあるが、外国人に配慮するとすれば、ここはChoshoji（Temple)、Toshogu（Shrine）というふうにするのがかなり現実的ではないかと思っているのだが、どうだろうか。なお「O」の書き方については右にしつこく述べたとおり、弘前城はHirosakijoでなくHirosakijouだし、長勝寺はChosyojiでなくChoushouji、東照宮もToshoguではなくToushouguでなくてはならぬことは言うまでもない。

献血業務で青森の国土交通省河川国道事務所に行ったとき、休憩室にいた所員に右のような話をしてみたが、彼らはその方面の専門でないこともあって明快な返答はなかったし、「Owani」や「Mt.Iwakisan」のことも気付いていないようであった。ただ、表示方法が区々なのでそれらを統一しなければということもいわれていたらしいが、何となくうやむやになっているという。それと、道路を管理している組織が国、県、市町村と別々になっているのも一元化を困難にしているようであった。国土交通省にはこういう表記方法に関する基準はないのだろうか。それともこういう細かいことは各県でご自由にということなのか。しかしいずれにしてもこういう妙な表記は改めてゆかなければならないと思う。

2013年1月31日のテレビでは、海外からの観光客の道路表示が分かりにくいという指摘を受けて、観光庁が2020年の東京オリンピックおよびパラリンピックを念頭にローマ字表記を徹底し英語での表記をも選択肢に入れて表示の改善に努めるというような報道があった。観光庁というのは国土交通省とどういう関係にあるのか分からないが、道路表示の問題は国土交通省の管轄の筈だから、きちんと議論をして、中途半端にならぬようにしてもらいたいものだ。また、ローマ字表記ということについては文部科学省も関係がないわけではないだろう。その際にはローマ字表記を徹底するというなら、英語かローマ字か分からぬような書き方にならぬように、とくに右記のように「お、おう、おお」の違いがはっきり分かるようにしてもらいたい。

時の流れのなかで単語の発音は変化してゆくのに対し、綴り字は保守的で、古い形を保存していることが多い。その結果、綴り字の発音が数百年前と著しく変わってしまっていることもある。表音文字はその記号によって言語の音を表すけれども、音の詳細を示すことはない。それは話し手によって訛りやアクセントが違うので、その通りに書こうとすると文字はいくらあっても足りないことになってしまうからである。つまり、綴りは同じでも発音には幅があって、それが個人差、地域差、民族差を許容しているのである。

それでは日本語の「お、おお、おう、おー」などをローマ字書きする時すべて「O」でよいではないかという人がいるかもしれないが、それはいかにも乱暴、無節操な話である。ローマ字書きするのはあくまで外国人に日本の地名や観光地などを正しく読んでもらうためであって、日本人のためではない。英語のような「O」の使い方では「お、おお、おう、おー」の区別がつかなくて、どこの国か分からなくなってしまうだろう。

ついでにもうひとつ言っておくと、現在のローマ字教育では小学校では訓令式、それが中学校ではヘボン式に変わるらしいが、両方式を並立させている理由がはっきりしない。多少の戸惑い、混乱を解消するためにもヘボン式に統一すべきだと思っている。

それと、「Mt.Iwakisan」とか「Lake Towadako」などのような奇妙な表示も改めて欲しい。外国人に対する「おもてなし」は必要だが、何よりもここは日本だということをお忘れなく。そしてドクター・ヘボンの精神を忘れないように。

4　地名の表示

①　掛落林

板柳町に掛落林というところがある。昭文社の「クイックマップル　青森」ではこれに「クラバヤシ」とふり仮名がしてあり、なるほどこういう読み方なんだなと思っていたところ、数年前国道339号線バイパスを進むうちに道路表示では写真122の如く「Kakeochibayashi」（カケオチバヤシ）としてあることに気付いた。

板柳町に献血バスが行ったとき、その掛落林から来てくれた献血者がいたのでこの話をすると、住民は一般に「ケラバヤシ」「カラバヤシ」、「クラバヤシ」などといっているが、公的には「カケオチバヤシ」が用いられているというような返事であった。他日この写真を撮りに行ったとき地元で数人に訊いてみると、「ケラバヤシ」が最も多く、次いで「カケオチバヤシ」、その次が「クラバヤシ」や「カラバヤシ」かなというような感じであったが、この分ではもっと多くの声を聞いてみないと状況は分からないなと思った。

このように何通りもの呼称が存在するようになった経緯は分からない

写真 122

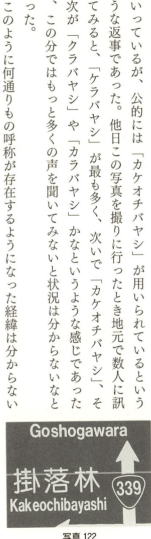

が、「掛」の呉音は「ケ」（クェ）、漢音は「カイ」（クヮイ）だから、もともとは「ケ（クェ）ラバヤシ」で、それが転訛して「カラバヤシ」や「クラバヤシ」にもなったのではないかと思っている。

町役場の考えは、掛落林と書きながら右のような様々な読みがあるのはあずましくない、ここは素直に「カケオチバヤシ」で統一したいということだろうが、思い通りに事が運ぶかどうか。それに、「かけおち」はまず「駆け落ち」を思わせるし、「駆け落ち」は「欠け落ち」と書かれたともいい、あまりいい読み方とは思えない。故郷の地名はもう一度よく考えてほしいと思う。

② 牡丹森

板柳に来たついでにもう1件。板柳駅から6、7㎞ほど東北に「牡丹森」というところがあり、右の昭文社の地図には「ぼたもり」とふり仮名が付いている。

この地区の集会所である牡丹森会館には毎年1回献血車が行くので、その折に来てくれた献血者の数人に確かめたところでは、全員が「ぼたんもり」であるとのことであった。すると、この地図の振り仮名は間違いということになるのだが、私はひそかに「ぼたもり」の目もあるのではないかと思っている。最近、やはり献血業務で陸上自衛隊弘前駐屯地に行ったとき献血に来てくれた隊員の住所が牡丹森の隣の柏木だったのでこの話をしたところ、彼の周囲ではみな「ぼたもり」だというのである。

ぼたもち（おはぎ）は「牡丹餅」と書く。はじめは「ぼたんもち」といっていたであろうものが「ぼたもち」に変わったことに鑑みれば、「ぼたんもり」が「ぼたもり」になったところで別におかしなことでもないからである。弘前の亀甲町の亀甲も本来は「かめのこう」だろうが、今では「かめのこ」で通っている。地名に限ったことではないが、やや発音しにくい言葉の角ばった部分はまるく、長いものは短くというふうな変化の方向があって、ついには元の字句、字義、読みが分かりにくくなったものも少なくない。「かめのこ」もそのうちに「亀の子」になるかも。

③　舮作崎

話はちょっと違うがもう一件見ていただきたい。**写真123**は「My Road 東北、1990年、国際地学協会」という道路地図で、深浦町の舮作（へなし）付近の図である。少し北には不老不死温泉がある。

はじめてこの字を見て「へなし」と読める人は少ないと思うが、それはそれとして、地名は「艟作」、岬は「艪作崎」と「舳作崎」、灯台は「舮作崎灯台」と実に4種類もの表記が見える。同じ国際地学協会発行の「日本地図帳」（昭和49年）では岬が

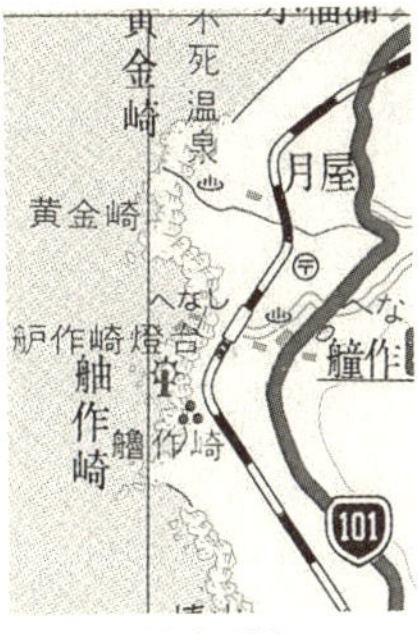

写真 123

まはという感じである。

「艫作崎」となっている。昭文社の「青森県道路地図」（2012年）でも地名は「舮作」、岬は「舮作崎」、灯台は「舮作埼灯台」だが駅名は「艫作駅」になるなど錯綜しており、何だこのざまはという感じである。

私はずっと「舮作」だと思っていたし、「最新青森県地図百科」（2006年、東奥日報社）でもそのようになっている。「舮」の読みは「ろ、る」で、「へ」はない。意味は「とも」。「とも」とは舟の後方、船尾のことである。右のこれ以外の字の読みと意味を見てみると「艟」は「どう・とう、敵舟につきかかる舟」、「艪」は「る・ろ、船を漕ぐ〝ろ〟」、「舳」は「じく・ちく、へさき・とも」、「艫」は「る・ろ、へさき・とも」であるから、船全体をさすこともあれば、「へさき」であったり「とも」であったりする。したがって「へ」は訓であることが分かる。「作」は「生す」（なす＝「生む」）で、いずれにしてもこういう小型の舟を造っていた所という意味かと思う。

しかし、こんなに狭い範囲で「へ」にあたる字がこんなに5種類も使われているのはおかしなことで、国土交通省、国土地理院、深浦町役場などは表記の整理を検討する必要があるのではないか。それとこの地図の出版元の国際地学協会はこういう状況をどう考えているのかもよく分からない。単にさまざまな表記を掻き集めただけなのか、それとも何らかの思惑があってのことなのかということである。

この舮作は私にとっては付属小学校時代の思い出の場所である。担任の花田義雄先生の社会科の研究授業を見学に来られた舳作小学校の先生のご厚意で、6年生の夏休みにクラスの30名一同が舳作小学校の校舎で2泊3日だったかの林間・臨海学校に招待していただき、地元の小学生と交流した。もう65年ほど前のことで細かいことは忘れてしまったが、岩礁の多い海岸で遊んだことと、この沖合遙か30㎞余りのところに久六島という小さい島があり、そこはアワビの宝庫であるという話をきいてどきどきした記憶がある。

5　でたらめ満載の道路地図

　私は弘前の街歩きの際には大体「弘前市都市地図」（2008年、昭文社）を用いてきた。これは88×62㎝の折りたたみ地図で縮尺は1/15000、東は平川、西は常盤坂、南は石川、北は町田の範囲である。その日に巡る予定地域の部分を拡大コピーして持参し、それにいろいろな書き込みをしながら歩くのだが、ほぼそれで用は足りていた。

　しかし、地図にある道路が実際にはなかったり、反対に実在する道路が載っていないというようなことは結構あって、そのような場合は地図を訂正しながらウオッチングを続けなければならないのでかなり手間取ることもあった。発行されてからかなり年数が経っているとそういうことがあるのは当然だが、自分の記憶や現在のそのあたりのたたずまいなどからしてもずっと前からあったことがほぼ確実な道路が載ってないということもある。また、縮尺によって細い道路が省略されるのも仕方がないが、これも、道路に面している建物などの様子からかつてはそれなりに交通量もあったであろうと思われるとか、現在の状況もこの程度の縮尺なら当然載っていていいと思われるような道路でも載っていないこともあるのである。

①　紙の地図と電子地図

私は右にも書いたように街歩きのウオッチングの際には紙の地図をコピーしたものを持って歩いている。この2、3年はスマホの普及により徒歩ナビも使えるようになったのだから、街歩きにもそれを使えばいいではないか、もはや紙の地図があなたのような要求に応えなければならない時代でもなくなったのだからというかもしれない。

しかし、私がこの新しい機器を使わないのは、何よりもウオッチングの結果を自由に書き込みをすることができないからである。住宅地図を作っているゼンリンの調査員も、紙の住宅地図に発見した新たな変更箇所を書き込んでゆくのである。

スマホで電子地図が使えるようになって紙の地図は売れなくなったらしく、多くの出版社が撤退し、都市地図は殆ど昭文社だけになった。東奥日報社から数年おきに出ていた「青森県地図百科」も平成18年の「新あおもりマップ」としての出版が最後になってしまった。それは仕方のないことではあるが、紙の地図が役割を終えたというわけではない。

この項のはじめに書いたように私はこのウオッチングに「弘前市都市地図」（2008年、昭文社）を用いてきた。まだ使えるけれども新しい版ではどうなっているかと思い2014年版を買ってみた。地図の下の欄外に「この地図に掲載の内容は2014年4月までに収集した情報に基づいて編集しました」と書いてあるが、2008年版で何年も前に廃業したにもかかわらず載っていた事業所などが、まだ何カ所も改められずに載っているというていたらくである。県別マップル2「青森県道路地図」（2012年、昭文社）でも、末尾に「ご利用の皆様へ」として地図のデータベース化、さまざまな工夫、情報収集と時期、編集方針の見出しで「より緻密さと正確さを追求するため云々」というような記述が見られるけれども、ここでも同様にでたらめがあちこち目につく。売れなくなったからといって、いい加減なものを出してもらっては困る。

使わなくなった古い地図を処分しようと思ったこともあったが、今のように街歩きをするようになって、紙の地図は廃棄しない限り出版時の街の姿をいつまでも残し思い出させてくれる貴重なものであることを再認識させられた。これに対し電子地図は常に更新されて現在の状況はすぐに分かるが、過去のことはたちまち消えてしまって残らない。一家の本棚から地図帳がなくなったときのことを考えてみるとよい。ほんとにそれでいいのだろうかと。

北日本大震災のあとの救援、復旧活動の必需品として強い要望があったのは紙の住宅地図であったという。パソコンの画面より大きく、広範囲を俯瞰できる紙の地図を何枚も壁に貼り、その前で検討し、説明し、指示を出したのである。これなら必要に応じて書き込みもできる。

話の中心からだいぶ逸れてしまうことになるが、学んだり調べたりするときに自由に書き込みができることは重要なことで、関連のあること、参考になること、思いついたことなどをどんどん書き込んでゆくことによって、理解を深めることができるだけでなく、想像力を養うことにも繋がるのである。

先日「痕跡本の世界」という本を読んだ。痕跡本というのは書き込みや線引きがあったり、メモが挟み込まれていたりなど前の持ち主の痕跡が残された古本のことで、著者は古書店の店主である。そこではその痕跡から想像を交えながら前の持ち主の世界を読み解く面白さが語られているのだが、痕跡は家具、衣服、おもちゃなど色々なものに残っているのに、なぜ本の痕跡が一番面白いかというと、それは本が紙で出来ていて、書き込みができるからである。感じたこと、関連する事柄、そこからヒントを得て思いついたことなどをメモしておき、後日それを訂正したり書き足すこともできるからである。さかのぼって、本が貴重であった時代には、前の持ち主の書き込みも尊重され、それが積み重なってゆくことで知識の継承にも繋がったわけだが、電子書籍ではそれはできない。紙の本ではある種の対話が成り立つのだが、タブレットでは情報が一方向に伝達されるだけなのである。

小学生の教科書なども紙ではなくてタブレット化する動きもあるやに聞いている。「電子書籍の時代は本当に来るのか」（歌田明弘、2010年、筑摩書房）によると、中国では2004年頃5年計画で1億2000万人の小中学生の教科書を電子化する壮大なプロジェクトが考えられていた。膨大な数の生徒に新しい教科書を毎年与えていては森林資源が枯渇するという考えによるものであった。このプロジェクトがその後どうなっているのか分からないが、私は教科書の電子化はよほど慎重を期すべき問題だと思っている。知識だけでなく、思考力、想像力、情緒面に及ぼす影響などを教育学、心理学などの面から時間をかけて慎重に考える必要があると思うからである。

② 廃業した事業所

都市地図では道路の次に公共機関や様々な事業所など目印になるものがきちんと記されていることが必要である。ところが、発行されたばかりの中心市街地の地図でも、廃業してからかなりの年数が経っている事業所などがそのまま載っていることが少なくない。少し長い通りを一本歩いてみただけでもそんなところは何カ所も見つかる。右の県別マップル2「青森県道路地図」(2012年、昭文社)収載の弘前中心部(1/6000)を持って歩いてみた。少しごちゃごちゃして分かりにくいかもしれないが、次々頁の図18、19で⊗をつけたところがすでに廃業している商店などの事業所である。

廃業して建物も看板もそのままのところ、看板は外してあるところ、廃棄物などが散乱しているところ、更地になっているところ、すでに他の企業に代わっているところなど様々であるが、こうして一覧するとその多さに驚かされる。表現は適当ではないかもしれないが死体累々という感じである。

中にはもう地図改訂の十数年前に廃業したような所も何カ所も見つかる。例をあげると、俵元2丁目の畳屋が記されているあたりに行ってみたが見当たらない。近くで雪かきをしていたおばちゃんに訊ねてみると、そこですよとすぐ向いの廃屋を指した。「廃業したんですね」というと、「もう何十年も前ですよ」という返事であった。「何十年も」は割り引く必要はあるにしても5年、10年程度のことではないようだ。駅前2丁目にあった医師会館がなくなったのはもう忘れるほど前のことだが、それもまだ載っている。今、駅前2丁目は再開発中で古い建物は殆ど取り壊されているが、まさか次の改訂版でもまだ生きているようなことはないだろうね。

この地図の末尾にも、主要道路、町名、重要施設については2012年4月、その他の情報については2010年10月から2011年7月の実地調査によって改訂したとあるが、この有様を見ると、とても実地調査あるいは情報収集に努めたなどとは思えない。全くの嘘っぱちといっていいくらいである。改まっているのは109号線が弘前厚生学院の前を通り富田3丁目角まで整備されたことくらいで、あとは前版の記載をそのまま写しているようにさえ見える。

③　バス停の位置

私のように車を持たぬ者や郊外を歩く者にとってはバスの便は貴重で、地図にはバス停の位置が正確に記載されていることが必要である。運行本数の少ない場合はなおさらで、その時刻表に合わせてその日の行程の計画を立てているので、もう少し行くとバス停がある筈だ、○時のバスで帰ろうと思ってそのあたりにたどり着いてみるとバス停がない、もう少し進めばあるかなと歩くうちに後ろから来たバスに追い抜かれてしまい、帰宅が何時間も遅れたようなことも何度かあった。タクシーがほとんど通らぬ郊外で、乗り損ねたバスが最終便であるような場合は、もう覚悟をきめて何時間か歩かねばならなくなる。

バス停がどの程度正確に記されているか調べてみると次のような問題点があり、利用者が

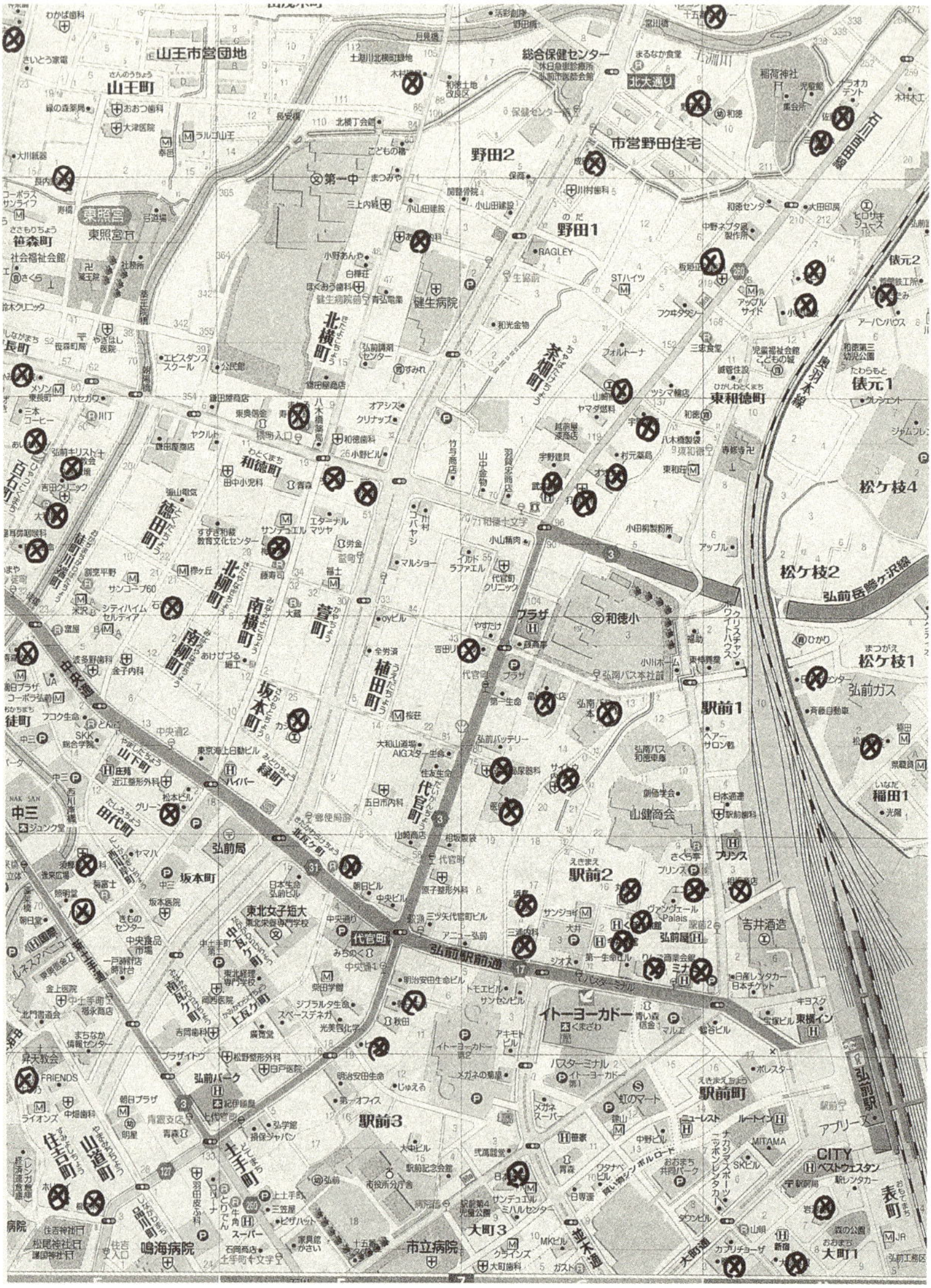
山王市営団地
山王町
総合保健センター
市営野田住宅
野田2
野田1
第一中
東照宮
笹森町
北横町
健生病院
茶畑町
東和徳町
俵元1
俵元2
松ケ枝4
松ケ枝2
松ケ枝1
弘前岳鯵ケ沢線
奥羽本線
和徳町
徳田町
北柳町
南横町
南柳町
萱町
植田町
坂本町
緑町
代官町
和徳小
弘前バス本社前
駅前1
駅前2
駅前3
弘前ガス
稲田1
山鍵商会
プリンス
吉井酒造
中三
山下町
田代町
弘前局
中央通
坂本町
東北女子短大
弘前駅前通
代官町
イトーヨーカドー
弘前パーク
駅前町
大町3
大町1
市立病院
鳴海病院
住吉町
山道町
土手町
表町
弘前駅
CITY

図 18

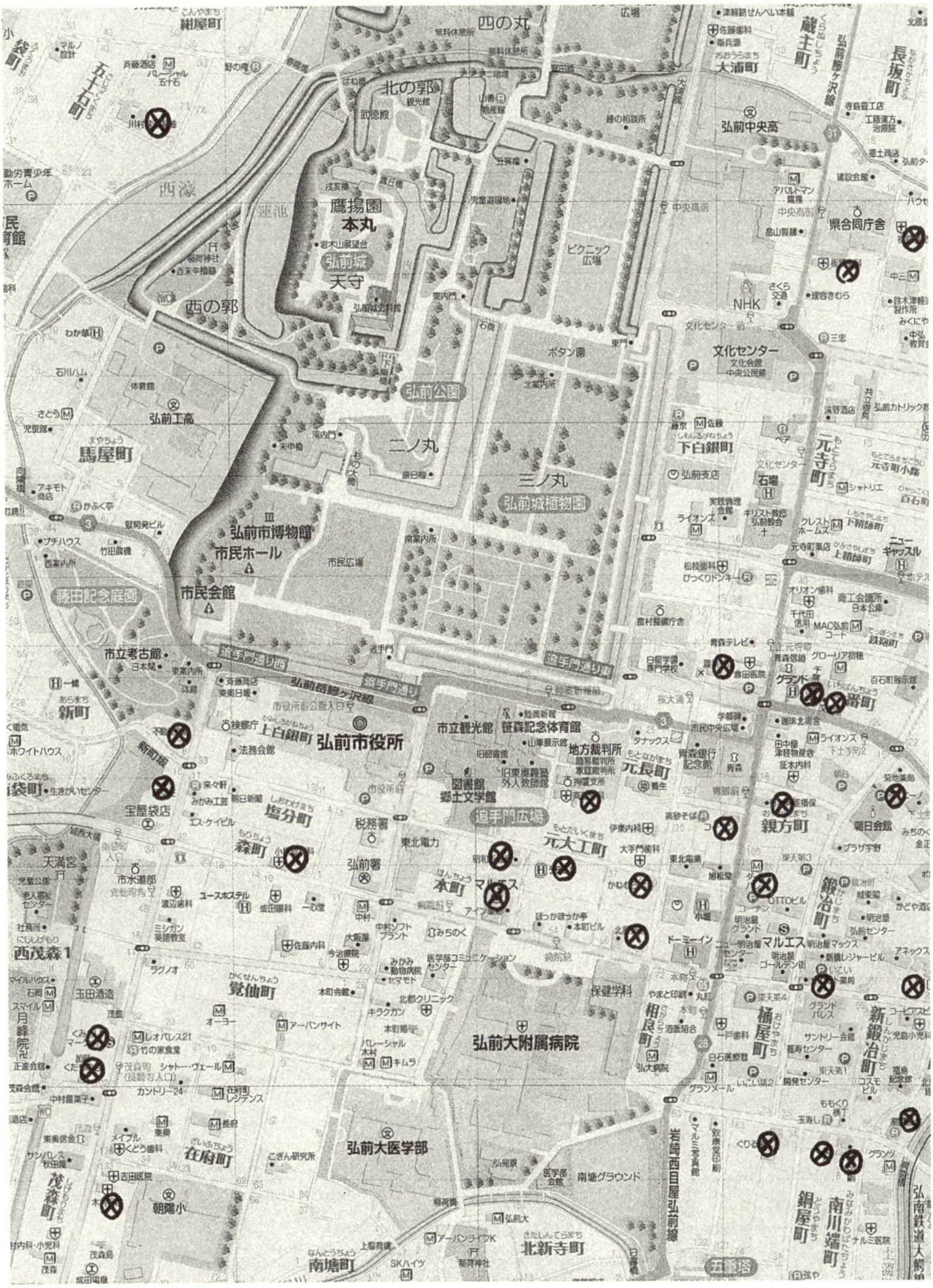
四の丸
北の郭
鷹揚園
本丸
弘前城
天守
西の郭
西濠
蓮池
弘前公園
二ノ丸
三ノ丸
弘前城植物園
ピクニック広場
ボタン園
弘前市博物館
市民ホール
市民会館
藤田記念庭園
弘前工高
馬屋町
紺屋町
五十石町
蔵主町
長坂町
大浦町
弘前中央高
県合同庁舎
NHK
文化センター
下白銀町
元寺町
上白銀町
弘前市役所
市立観光館
笹森記念体育館
地方裁判所
元長町
追手門広場
元大工町
塩分町
森町
税務署
弘前署
本町
新町
親方町
鍛冶町
桶屋町
新鍛冶町
相良町
覚仙町
弘前大附属病院
保健学科
弘前大医学部
在府町
茂森町
西茂森1
銅屋町
南川端町
北新寺町
南塘町
追手門通り
弘前岳鰺ヶ沢線
弘前鰺ヶ沢線
岩崎西目屋弘前線
五重塔
弘南鉄道大鰐線

図 19

うっかりすることがかなりありそうに思える。

①一般にバス停の位置が正確に記されていない。

②上りと下りのバス停が別になっている場合、両者の間の距離が正確でないことが多い。また、どちらかのバス停が記されていないところがある。

③今はなくなったバス停がまだそのまま記されているところがある。

④100円バスのバス停が通常のバス停として記されているところがある。利用者がうっかりすることがあるかもしれない。

バス停のあったところの企業がなくなったり、新たな施設が開設されたり、バスの運行コースが変更されたり、いろいろな理由でバス停の位置は変わるものだから、これも改訂の度に必ず確認してもらわねばならない。

旧岩木町を歩いた時は「青森県道路地図」(2012年、昭文社)の1/50000の図しか使えなかったので、自分が今どこにいるのかがはっきりとは分からないことがあった。右にも書いたが、西目屋村に至る岩木川沿いの旧道とほぼ平行に作られた28号線を結ぶ細い道路はこの縮尺図では載ってないものが多いのと、目印になる建物などが少ないこと、それにバス停の位置の記載が正確でないなどのためである。道路と岩木川の川岸との距離なども見ながら、今自分のいるところは大体このあたりかなと見当をつけて地図を補正しながらウオッチングの結果を記入するのに、桜庭、中野、中畑のおよそ3㎞の区間はさらに1日かけて3往復しなければならなかった。この区間にある5つのバス停が正確に記されていればそれほど手間取ることもなかったかなと思っている。

④　でたらめ地図

今回は蔵を探して弘前の石渡以北、旧岩木町、旧相馬村をも歩いたわけだが、その過程でデタラメ地図のせいで蒙った事柄の一部を書いておくことにする。

i　一野渡の道路

図20は図4の一野渡部分の拡大図である。矢印を付けた道路は本通りから川沿いに入った裏通りであるにしても、道幅、両側の住宅や蔵（6棟）、人通りなどからして以前からある程度の存在感のある通りだったと思われるのだが、持参した地図にも同社発行の他の地図にも載ってなかった。1回目にここに来た時、地図と実際の道路が一致しないため蔵の位置を特定できず、後日改めて訪れてこの大和沢川添いの弓状のおよそ300 mあまりのこの道路を書き加えて分布図を完成させたのだった。

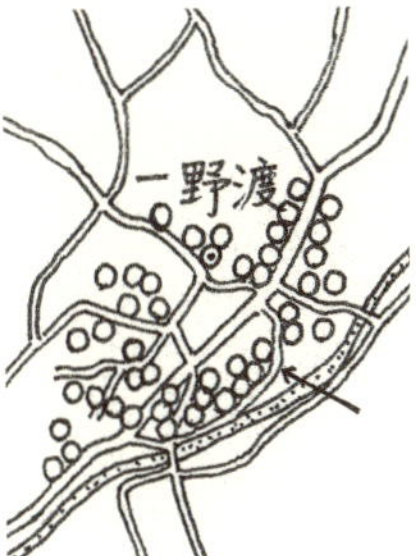

図20

本通りとその北側のりんご畑の間の坂道の付近の記載もわけの分からぬ状況になっていて、持参した地図を坂の上で作業をしていた農家の人に見せてもちんぷんかんぷんで、「この地図、どうなってらんだば」とひっくり返したりしながら眺めていたほどである。

ii　一の渡のバス停

一野渡では右のようにずっと以前からあったと思われる道路が載ってないだけでなく、バス停の位置も甚だでたらめである。写真124はクイックマップル青森の一の渡の4つのバス停の図である。大和沢川にかかる最上橋の南250m程のところに上一の渡、さらにその南300mほどのところに南一の渡があることになっている。私は南一の渡で下車したのだが、そこは最上橋から100mほど南の地点で、この地図の上一の渡にも達していなかった。近くで農作業の帰りの2人の婆さんに確かめてみると、南一の渡はずっと以前から現在の場所で変わっておらず、それから南は終点の座頭石までバス停はないという。つまりこの地図の南一の渡と上一の渡の位置はでたらめということである。バスを降りた地点から最上橋を渡って100mあまり北上したところに上一の渡があった。さらに北上すると一の渡も図の3叉路の位置にはなくて、次の4叉路の近くにあった。その北

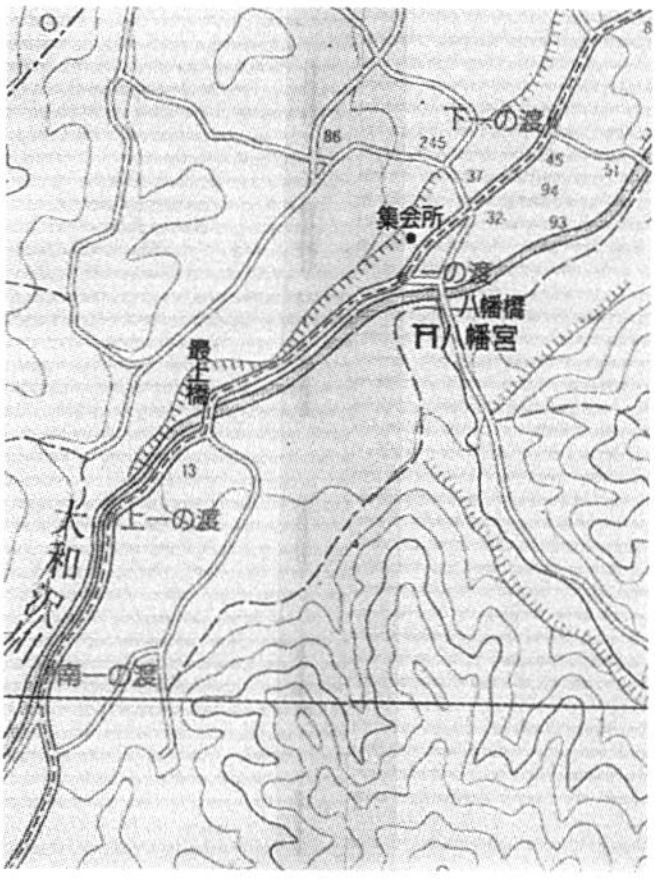

写真 124

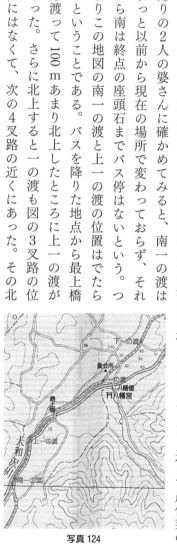

の下一の渡だけは地図と一致していた。図21はその歩いて確認したバス停の位置である。距離を実測したわけではないから多少の誤差はあると思うが大体こんなものである。なお、どの地図でも地名は一野渡だが、バス停は一の渡になっているので、念のため。

昭文社は書名の異なる地図帳を何冊も出しているけれども、それらを見較べてみるとバス停の位置は甚だいい加減で、地図により区々という状況である。

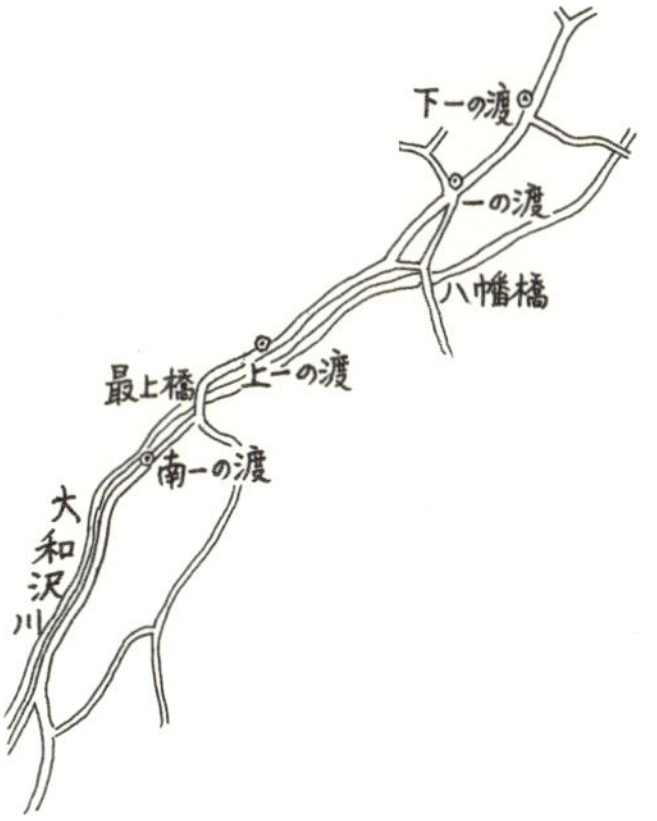

図21

また、南一の渡でバスを降りるとき運転手に写真124の地図を示して、「地図ではもっと南にあることになっているが、この地図の記載は間違いですね」と確認を求めたところ、「地図がどうなっていようと、自分たちの仕事とは関係ない」と木で鼻を括ったような返事で、あっけらかんとした顔をしていた。よくもまあこんな返事が出来るものだ。いろいろ言ってもはじまらないのでそのまま黙って降りたが、こういう馬鹿とは喧嘩するのもあほらしい。

iii　小沢野元のバス停

野元の蔵を見に行ったとき、地図に記されているバス停の位置が実際とはかなりずれている箇所があるのに気付いた。それは久渡寺線「中央梨の木」で、私が持参した2005年発行のクイックマップル青森（昭文社）では、写真125のごとく坂元地区の集会所のあたりにあることになっているが、歩いてみるとそれよりかなり北にあった。この地図では中央梨の木と梨の木の間は330mであるのに対し中央梨の木と野元の間は750mと2倍以上になっているが、同じ昭文社の2000年発行の青森県都市地図では写真126の如く、それぞれ643mと393mになっている。後日改めて歩いてみて、後者の方が正しいことが分かった。

バス停の位置や呼称はさまざまな状況によって変わることがあるので、一概に間違いとは言えないわけが、この場合は先に発行された地図の記載が正しく、あとで発行された地図は明らかな編集ミスといわざるをえない。

これは新規に地図を作るとか改訂版を作る時に、実地に確認する作業をせず、既存の地図の記載をそのまま写して済まそうとした結果ではない

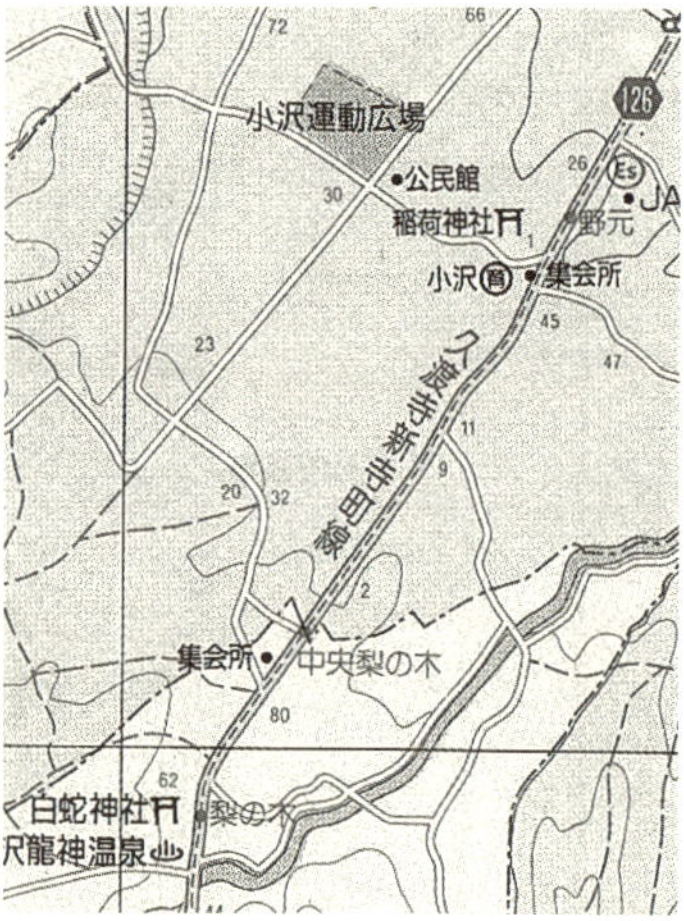

写真125

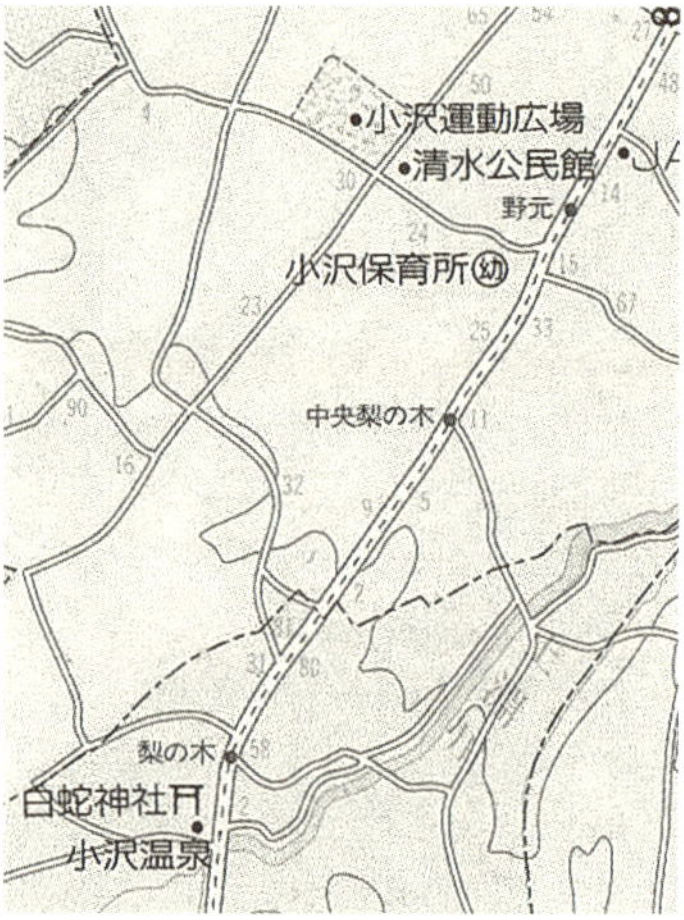

写真126

かと思う。写すときに地図上の位置を間違えてしまうのではなかろうか。右の写真126では中央梨の木が右下（南東方向）へ向かう道路の分岐部にあるのだが、右の写真125ではそれより300mほど離れたところの分岐部（北西方向）に移されている。道路の分岐方向は反対だが勘違いしたのではないか。

iv　県道28号線の経路

県道28号線は弘前・西目屋・岩崎線である。

この線は、もとは図22（2000年・青森県都市地図・昭文社）のごとく悪戸から岩木川沿いを進み、上岩木橋を渡り岩木川の北側を通っていた。それが2005年・クイックマップル青森・昭文社でも図23のごとく同じ経路になっているが、岩木橋を渡らずにまっすぐ岩木川の南岸を通る道路が新たにつくられたことが示されている。これは現在の28号線なのだが、実際よりもかなり南寄りで、とくに湯口・黒滝の境界付近では129号線（関ヶ平・五代線）に限りなく近付き（矢印）、一部合流しているように描かれている。どの程度南に寄っているかというと、この地点では100m、さらに1㎞ほど西では300mあまりもずれている（矢印）のである。

私はそんなことを知らずにこの地図のコピーを持って歩いていたのだが、おかげでこの新しい道路と129号線周辺との関係を見極めるのに、頭をひねりながら1㎞ほどの区間を何度も往復しなければならぬ破目になった。この地図はおかしい、間違っていると判断して、数日後別な地図（2012年、青森県道路地図、昭文社）を探して歩き、ようやく蔵の分布図を完成させることができた。それと、クイックマップル（図23）では従来通り28号線は岩木川の北岸、129号線は南岸のままで、新道にはまだ道路番号が付いていないことに気付く。その経路が実際と大きくずれているということは、この時点では、つまり地図の作成時にはまだ道路は未完成であったということではないか。あるいはそれ以前に道路の経路すらまだ最終的に決まっていなかったのかもしれない。もしそうであったなら、地図に載せることは控えるべきだし、載せるにしても点線で計画中もしくは建造中であることを示すにとどめるべきである。それを、道路がすでに完成しているかのように県道と同じ黄色い着色をしてあたかも運用中であるかのように装うなどというのは地図の出版社としてははなはだ好ましくないことと言わねばならない。

こういうデタラメ地図が放置されているのを許しているのは誰か。地図の利用者にも責任はあるだろうが、市の道路とか交通とか観光にたずさわっている部署がそういうことにしっかり対応する必要があると思う。弘前市役所の中で道路とか交通とか観光に関係のありそうな部署を電話帳で探してみると、観光政策課とか都市政策課・交通政策推進室というのがある。具体的にどんな仕事をしているのか分からないが、右に述べたデタラメ地図を是正するように指導ないし勧告できるのはここだろうと思う。しっかりした問題意識をもってやってもらいたいと思う。観光協会や商店の連合会なども、目先の金儲けのことばかり考えていないで、こういう点にも注意を向けて、出版社に発破をかけることも必要だろうと思う。

また、近年の道路地図や都市地図などの出版は殆ど昭文社の寡占状態にあることも一因だろう。血の通った地図の出版が待たれる。

図24は2012年、青森県道路地図、昭文社で、新道は岩木川南岸に沿うように進み、こちらが新たな28号線になったことが示されているので経路を見較べていただきたい。

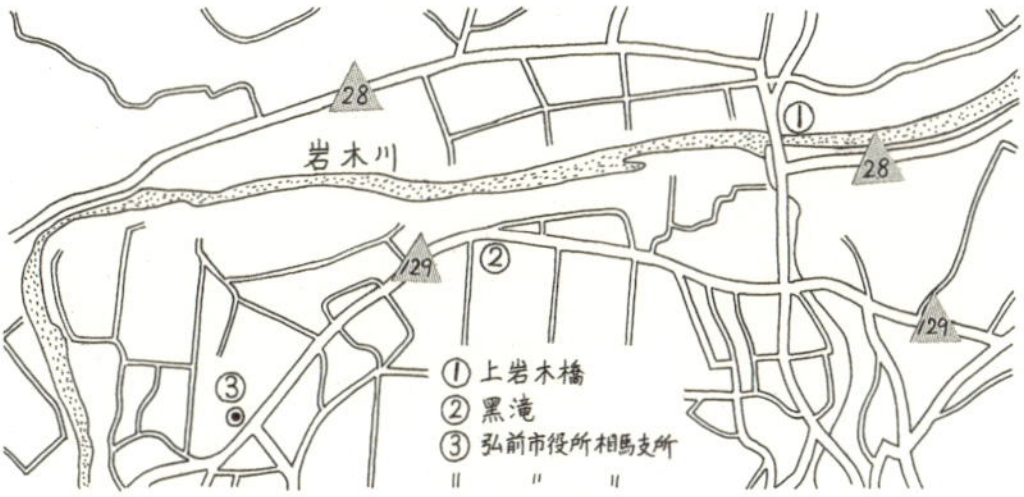

図22

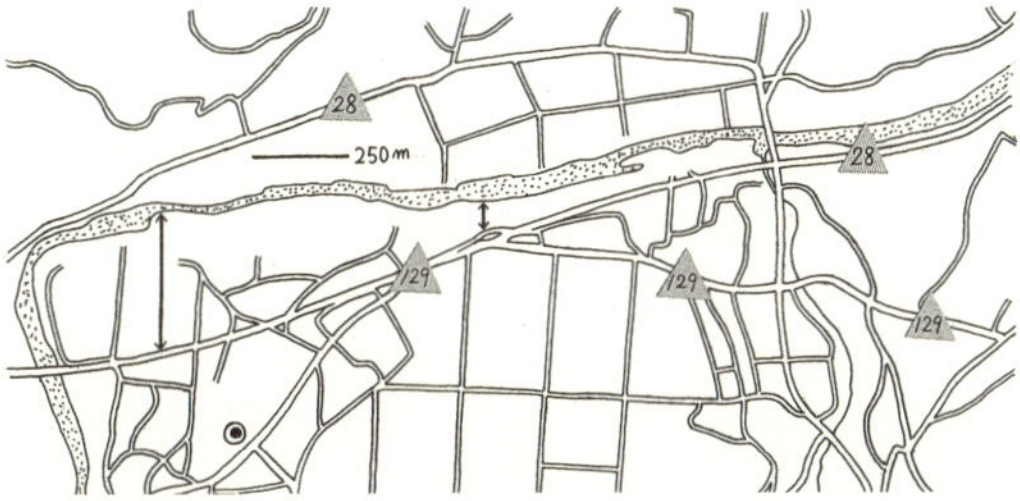

図23

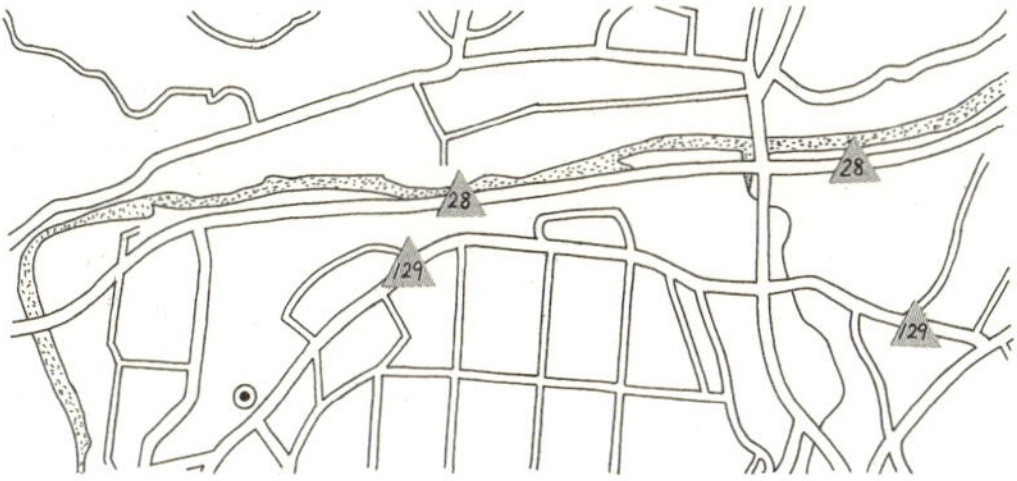

図24

Ⅳ　気になる光景（続）

近年は全国的に「街歩き」が注目されるようになり、2012年11月3、4日には、弘前で「第2回日本まちあるきフォーラム」が開かれた。これはまちあるきを観光資源として利用・推進しようとする取り組みで、前日の2日にはフォーラムに参加する約50人が事前プログラムの街歩きコース「弘前公園」と「中心街」の2コースを回ったという。

散歩と街歩きは多少意味は異なるが、どちらも「とらわれることなく気ままに街を歩くこと」が基本的な精神である。しかるにこの「まちあるきフォーラム」の「まちあるき」の方は地域の観光・経済的活性化に取り組む人たちが、面白さを感じてもらえそうなコースをあらかじめ選定しておいて、旗を立ててそこへ観光客を案内するものであるから、観光客は歩かされているという違いがあり、本来の街歩きとはかなり距離があるといえよう。

まあ初めて訪れたところでは下調べなしには何も分からないから観光案内に頼らざるをえず、大方の観光とはそんなものであるのはある程度仕方のないことではあるのだが。私がやっているのは本来の純粋街歩きの方である。

以下は2008年に書いた前々著「気になる光景」の続編である。

1　駐車に関する表示

①　温凊園の駐車場

写真126は豊原一丁目にあった老人福祉センター弘前温凊園の駐車場の福祉センター利用者に向けた注意の表示である。「この場所は、園車及び入所者家族の面会時等の駐車場ですので、福祉センター利用者は駐車をご遠慮下さい。」とあるが、よく分からぬ文面だと思う。

福祉センター利用者というのは入所者と、デイケアもやっているとすれば、その通園者と通園者を運んできた人ということになろうが、「こ

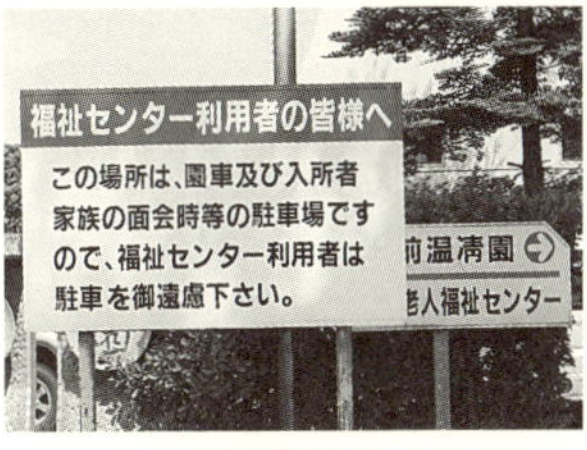

写真 126

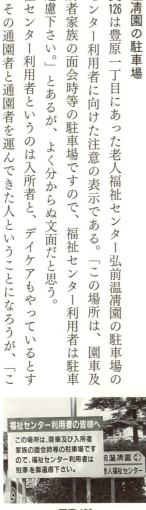

こは職員と入所者家族の面会時等の駐車場であって、あなた方利用者の駐車場ではない」と一方的に突っぱねている感じで、それでは利用者はどこに駐めればいいのかが書かれていないからである。「この場所は、園車及び入所者家族の面会時等の駐車場です。入所者および通園者は○○の駐車場をご利用ください。」とでもして、その案内図を示しておくべきではないのか。ただ、こういう施設の利用者は、精神あるいは身体機能の低下などで自ら車の運転ができる者は常識的にほんのわずかであろうから、その人には最初にどこに駐車すればいいかを口頭で伝えるだけで、表示は省略したということかもしれない。でも、表示の在り方としては妙な感じがするのである。この施設は2010年に金属町に移転し、跡地はツルハドラッグ豊原店になった。

それと、この施設名を私はずっと「温清園」だと思っていたのだが、この表示のおかげで「温凊園」であることを知った。「凊」という字は「涼しい、寒い」という意味で、「温凊」とは「冬は暖かく、夏は涼しい」ということなのであった。

② 弐萬円堂の駐車場

写真127は駅前三丁目にある弐萬圓堂弘前店の正面の壁にある表示であるが、ちょっと妙な書き方だなと思う。店舗の裏に回ってみると駐車場

写真 127

があり、そこが藤田駐車場らしいと分かった。よく見ると、この「駐車場」と「裏」の間に目を凝らさないと気がつかないほど小さい「・」があり、「駐車場（は店舗の）裏（にあります）」ということかなと思うが、店の裏側（駐車場側）の壁にも全く同じ表示が貼り付けられている。

③　月極駐車場

写真128は寒沢町のホットハウスヤナギの駐車場の表示である。この種の表示については以前「気になる光景」でも大分楽しませてもらったので繰り返しになるが、上から順に見てゆこう。

1行目の「月極」の「極」は「きわめる、きわまる、きわみ」であって、月毎に「決める」というような意味はないのでご注意を。2行目の1カ月の料金が区切りよく5000円でなくて5500円なのは消費税が10％に上がるのを先取りしたのであろう。ずいぶんお早いことだ。以前、ごみ収集所で外部からのごみ持ち込みに対する罰金が消費税5％込みの52500円になっている例を見たことがあるが、その横の紙か布を貼って隠している部分は何が書かれていたのかなと思う。それと、無断駐車厳禁の下の「お支払いいただいております」は妙に丁寧な言い方なのに、その下は一転「立入りを禁ずる」と威圧的になっている。金をもら

写真128

う時は急に腰が低くなるようだ。

④ よく分かる表示

前著「気になる光景」のなかで、駐車場における駐車の仕方についての指示がはなはだ曖昧になっていることを書いた。「ここは前向き駐車でお願いします」とあっても、塀や建物の壁に向かって駐車することなのか、通路に面して駐めることなのかが分からない。つまり、「前」がどちら側なのかという合理的な説明、客観的な認識なしにこの表示は成立しないのである。

私は、前向き駐車というのは駐車場内の通路に向かって駐めること、つまり車の顔（前面）が見えるように駐めることだと思っている。塀や建物の壁などは駐車場と外部を分ける単なる境界、辺境であり、それに向かうことが前向きだというのは前という言葉の意味をわきまえない言い方である。通路に尻を向けて駐めている状態を前向きというのが適切かどうか考えてみればよい。塀に向かって駐めることを強く求めるのであれば、「塀に向かって駐車してください」と書くべきで、どっちとも受け取れるような書き方では意味がないことを理解すべきである。

写真129は国立弘前病院が駐車場と周囲の住宅との境の塀に貼りつけた表示で、「壁に対して前向きに」はよく分かる。本来は「一般住宅に排気

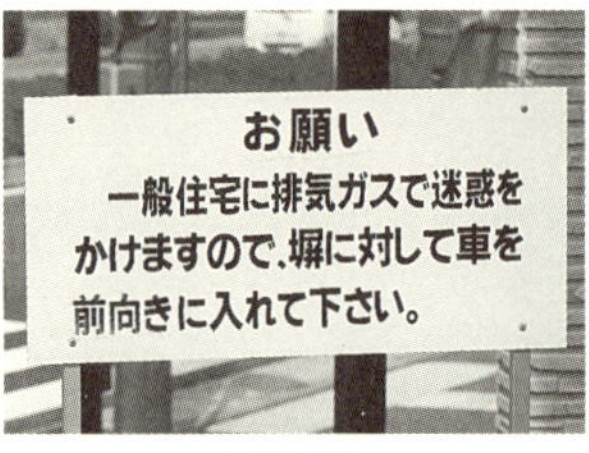

写真 129

ガスで迷惑をかけますので」などと書かれなくとも、運転者はそういうことぐらい弁えていなくてはならないはずだと思うのだが。

写真130は野田二丁目の小山田建設の駐車場の表示である。**写真131**は弘前大学教育学部の校舎の窓下の駐車スペースに見られる表示である。以前は「教育学部校舎前は　前向き駐車でお願いします」と3行になっていたが、1行目と2行目の間に「校舎に向かって」が挿入されて分かりやすくなった。

この3枚はいずれも分かりやすくなったという点では進歩がみられなんとか合格圏内ではあるが、「塀に向かって」、「校舎に向かって」とあれば「前向きに」は不要である。つまり「○○に向かって」は「○○に対面して」という意味だから、さらに「前向きに」を入れることは言葉の重複になる。「壁に向かって駐車して下さい」、「校舎に向かって駐車して下さい」なら満点である。

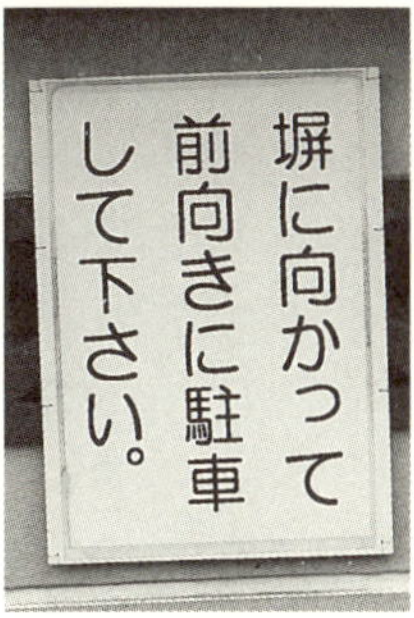

写真 130

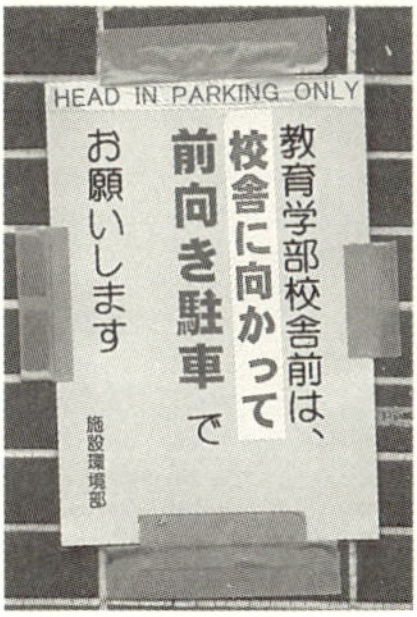

写真 131

教育学部の表示にはさらにもう少し簡潔に出来る部分もある。まず、この場が「教育学部校舎前」であることは分かりきっているのだから、この行は省略する。4行目の「お願いします」と最後の「施設環境部」も省略する。英語での言い方はよく分からないが、「HEAD IN PARKING ONLY」が「頭から突っ込む」というような意味ならOKです。最後に、この表示の貼り方は何だ。見苦しい。

ところが、2013年にこの建物の耐震工事の終了後、再び写真132のような表示に先祖がえりしていた。これは貼り紙ではなく永久保存版だから始末が悪い。右下の「教育学部総務グループ」の「総務グループ」は不要。妙な感じだ。大学構内の表示だから少しばかり辛目に添削したが、こういう不完全表示は撤去して更新してはどうか。

写真133は山道町の小さな駐車場にある表示で、「バックで止めて下さい」とある。反対に写真134は健生病院駐車場の「バック駐車禁止」である。どちらもよく分かるけれども、私は気難しい日本人なので、「バック」が外国語の助けを借りた略式の表現であることにいささかひっかかりを感ずる。「バックしてとめる」ことを「後退駐車」、塀に向かって突っ込む（前進する）かたちで駐めることを「前進駐車」としてはどうかなと思っている。

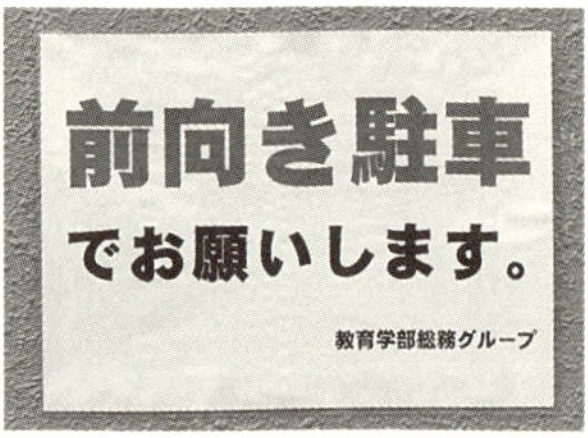

写真 132

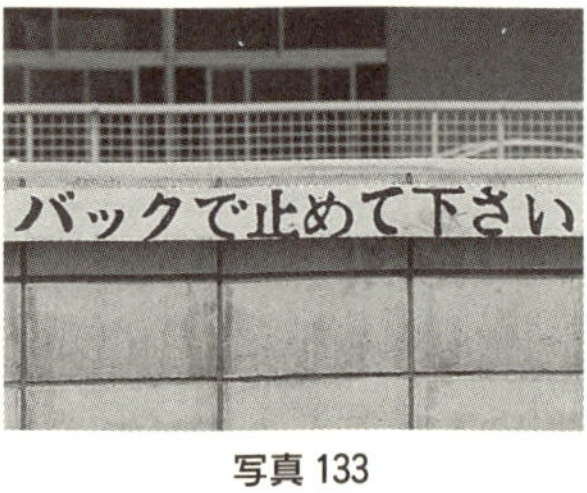

写真 133

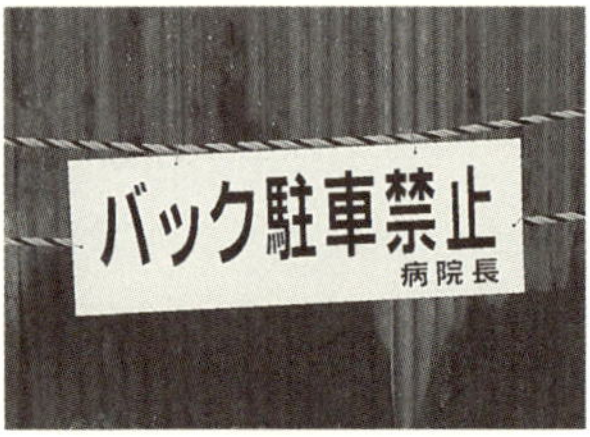

写真 134

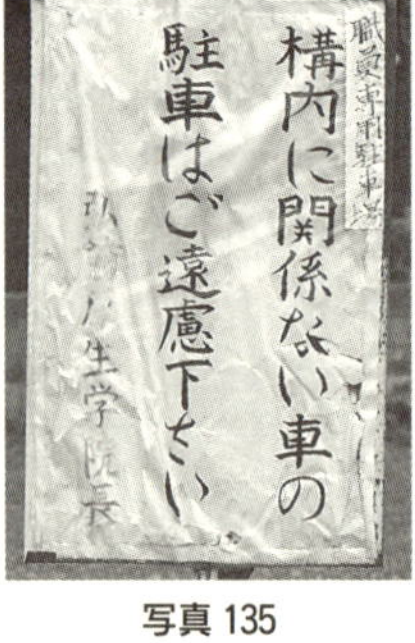

写真 135

写真135は弘前厚生学院の駐車場の表示である。「構内に関係のない車の駐車はご遠慮下さい」とあり、部外者の無断利用を禁ずる内容で意味は分かるのだが、「構内に関係のない車の」というのは変だと思わないかどうか。「当学院に御用のない方は駐車をご遠慮下さい」とでもすべきところ。

⑤ 路上駐車はお止めください

写真136は宮園県営住宅の柵に見える路上駐車禁止の表示である。「路上駐車はお止めください」の「お止めください」を「おやめください」と読んでくれればいい子なのだが、「おとめください」と読んでにやりとしている不届き者もいないわけはない。「傑作表示集」に収載してもいいくらいの出来栄えといっていい。

日本語では一般的に、漢字で書けば分かるのに、敢えてかな書きしたばかりに意味が分からず戸惑うことのほうが多いけれども、この場合は反対に漢字にしたせいでこういう滑稽なことにもなった例である。

⑥ 許可なく駐車を厳禁する

写真137は許可なく駐車することを禁じた表示である。まあ、意味は分

写真 136

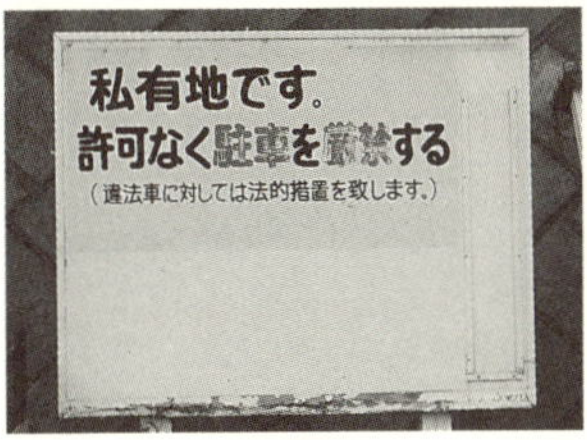

写真 137

かりにくいということではないが、「許可なく駐車を厳禁する」では正しい日本語にはなっていないということに気付いてほしいと思う。「無許可駐車を厳禁する」とか「許可なく駐車することを厳禁する」ならいいと思うが、この表示の「く」を「し」に変えて「許可なし駐車を厳禁する」ならまあなんとか合格かな。

それと、3行目の小さい文字で書いてある部分「違法車に対しては法的措置を致します」の「違法車」というのも妙な言葉である。「違反者に対しては法的措置を講じます」くらいがいいと思う。さらに、1行目の「です」と2行目の「する」と3行目の「致します」の語調の整合性がとれていない。「です」は普通の言い方だが、「厳禁する」は強い調子であるのに対し、「致します」は一転して改まった言い方になっており、語調を一定に保つことが必要になる。

⑦ 今日から閉鎖

写真138は南塘グランドの弘大医学部駐車場の表示で、8月18日から工事が始まるから車を移動させて下さいということなのだが、ちょっと変なところがある。

まず「今日から閉鎖」の「今日」が何月何日なのかが記されていない。ここは「○月○日より閉鎖」とするか、「今日から閉鎖」を生かすなら、最後に「○月○日」

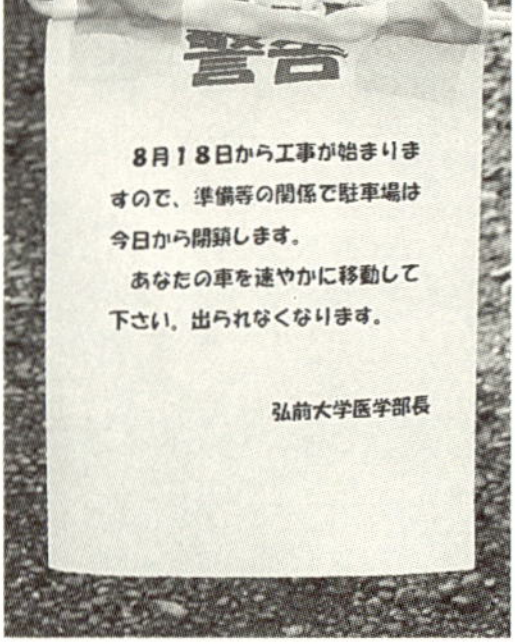

写真 138

の日付を入れなければならない。

また「弘前大学医学部長」も「長」が必要かどうか。たかが工事の都合で駐車場を一時的に閉鎖するだけのことなのだから、わざわざ医学部長にお出まし願わずともいいのではないか。冒頭の「警告」というのもおかしい。何も違反行為のない段階で居丈高に「警告」などという文言をもってくることは適当ではない。ここは「お知らせ」、「お願い」などとすべきところだろう。「通告」でもきつすぎる。失策のトリプルプレーというべきか。

⑧　御利用する方は

写真139は西ヶ丘町のアパートの入口近くの壁にある臨時駐車場の表示である。一年中貼られているのだからべつに臨時でも何でもないのではないかと言いたくなるところだが、それはさておき、問題は「引越等でご利用する方」という部分で、「ご利用」と「する」がちぐはぐな接続になっている。上は背広でネクタイなのに下はステテコと同じようなものである。尊敬、丁寧の気持ちを表す接頭語「ご（御）」を付けて「ご利用」としたからには、それをふまえて「する」でなく「なさる」など敬語にするか、「する」をとって「ご利用の方は」とするかだろう。

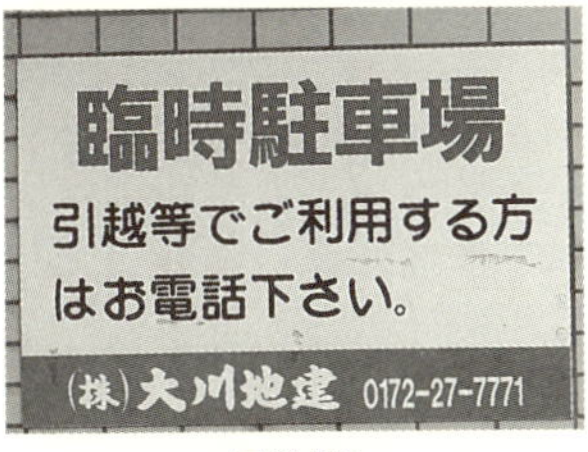

写真139

大川地建にはこんな表示を作っている担当社員は再教育し、チェック体制を改めることを勧める。もし私がこのアパートの所有者なら、こんなものは作り直させる。しかし街にはこの種の欠陥表示はあちこちに見られ、大川地建だけの話ではない。自分のところで作った看板や表示は一度客観的な目で見直してもらった方がよいと思う。

⑨ 東北女子短大のおもねない表示

写真140は上瓦ヶ町の東北女子短大の道路際のブロック塀に貼り付けられている表示で、なかなかいいと思う。迷惑駐車に対しては当学園の判断で処置をしますということで、それ以上のことは書いていない。これでいいのだ。警察への通報、レッカー処理、罰金など、いちいち馬鹿丁寧に違反者に断る必要などないのである。私は外国の状況は分からないが、違反者におもねるような書き方をしているのは日本だけではないのかなと思っている。

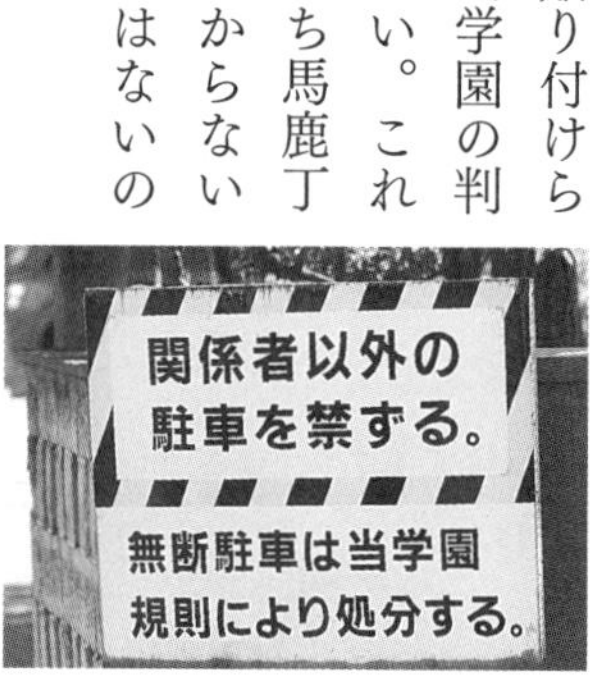

写真 140

⑩ 月決め駐車場の不吉な数字

月決め駐車場では区画ごとに番号が付けられている。その場合4は死、9は苦に通ずるという連想からこれを欠番にしているところが少なくないし、44や49もしじゅう（始終）死や苦に苛まれることがないようにと同じ扱いをしているところもある。いちいち調べたわけではないが、半数あるいはそれ以上においていまだにこういう馬鹿げたことが行なわれている。

写真141では14が欠番になっているが、ここではほかに19も欠番になっている。さらに大きい駐車場でこの調子で29（二重苦）も39（三重苦）もというふうにやっていけば、100番のうち2割は欠番ということになる。この他に13日の金曜日とか13階段など欲張って外国由来の不吉な番号にまで手を伸ばしているところもあるが、はたから見ると、そういう過度の気配りは逆に不幸を呼び込もうとしているかのようで滑稽ですらある。昔からさわらぬかみにたたりなしというではないか。私は自分の結婚式の日も仏滅だったくらいで、まじない、縁起、八卦などの類は信じないから、なんとばかばかしいことかと思わずにはいられない。

写真 141

⑪　車の中心

写真142はたしか亀甲町の駐車場にあった表示である。こんな表示があるのは、きっとこのスペースの契約者が白線を越えて隣のスペースにはみ出したりして迷惑をかけるようなことが再三あったからに違いない。

写真 142

所定の位置にきちんと駐められないのは技術的に未熟なせいもあるかもしれないが、それは練習すればそのうちに直る筈だから、こんな表示を貼り付けられることにはならないだろう。おそらくこの契約者はかなりいい加減な性格で、隣に迷惑をかけても何とも思わないようなところがあって、経営者が思い余ってこういう処置をしたのではないかと考えられる。

ショッピングセンターなどの駐車場で観察していると、いとも無造作に駐めて、斜めになっていたり隣との境界の白線を少し越えたりしても、一顧だにせずにそのまま出て行く人もいれば、対照的に何度も切り返しをして位置を修正したあと、降りて位置を確認してようやく満足したような表情をして車を離れるという丁寧すぎる人もいて、こういう行為ひとつにも性格がよく表れるものだと思う。

⑫　廃業しても「満車」

写真143は大町の旧ジョッパルの駐車場である。ジョッパルが全面的に閉鎖されたのは2009年で、もう3年余り経っている。当初は、駐車場を閉鎖するのは周辺の企業に対する影響が大きいから、部分的にでも営業してほしいとかいろいろ声があったが、結局どうなったのか分からない。しかしここの表示は常に「満（車）」のままになっている。

写真 143

以前ジョッパルに入っていて、その後青森駅のラビナに移転した宮脇書店も看板は撤去せぬまま去っていったし、ジョッパルの並木通りに面したところにあった「弘前市市民課駅前分室」の看板も**写真144**のように置き去りになっている。公共機関でもこんな状況だ。ほんのちょっとのことなのに、なぜ後始末ができないのか。後者については、ジョッパルが何らかの形で再び営業することになれば再び「駅前分室」を再開するというもくろみがあるからかもしれないのだが。（ここまでは2013年春に書いた部分である。）

写真 144

2013年ジョッパルは「ヒロロ」と改名して再出発した。中に入るテナントの顔ぶれやその充実の度合いも高められたようには思うが、ヨーカドーと殆ど背中合わせの近距離で競合しなければならないという状況は変わっていない。地階の食料品売り場のカウンターの状況を見る限り、ここの客数はヨーカドーには遠く及ばず、先が思いやられる。

2 看板など

① 許されている失敗作

写真145は浜の町東3丁目にある看板。前を通るたびにいつも「曲がってるな」と思う。電話帳を見ると、この岡元木材は杭、園芸支柱、農業支柱専門の店とあり建築用木材は扱っていないらしいので、まあ少々曲っていいようと構わないのだなと納得した。しかし、この看板を作ったのは誰なのだろう。素人が作ったのならまあ仕方がないが、看板屋が作ったものとは思えない。「材」の字は15％ほど左へよれているし、下の電話番号も字がそろっていない。

もうひとつ、ずっと前からそれ以上に気になっているのは、上瓦ヶ町の松野整形外科とデネガ企画の間にある「廣寛堂」という看板（写真146）で、「廣」の字がやはり向かってかなり右に寄っている。この裏側にも同じ字が書かれているが、字の点や撥ねなどの形が微妙に違っているにもかかわらず、やはり向かって右に寄っているのだった。看板からはどういう仕事をし

写真 145

写真 146

ているところか分からなかったが、電話帳のタウンページで調べてみると、皮肉なことにマッサージ業であった。脊柱に問題（側弯症）がありそうです。

同じような社名で南大町二丁目に表具の仕事をしている尚寛堂という会社（写真147）がある。こちらは書道教室も開いているだけあって、さすがに字の中心は真直ぐに揃っている。対比のために見ていただきたい。

写真147

②「クドーヘア、サロン」

写真148は元寺町のクドーヘア、サロンの駐車場の看板である。廃業して不要になったものを始末しかねてここに置いたのかと思ったが、まだ現役の店であった。最初からこんなところに置いていたわけではなかろうから、おそらく屋根の上か壁面に掲げられていたのが落ちて、それを元の位置に戻すのが面倒くさいので、ここに立てかけておいたのではないだろうか。

それと、この「クドーヘア、サロン」ではヘアとサロンの間に「、」が入っているが、入れるのであれば、通常は「クドー、ヘアサロン」で

写真148

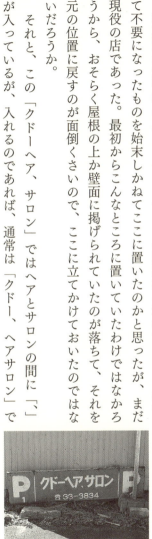

はないか。電話帳のハローページで確認すると、こちらもやはり「クドーヘア・サロン」となっていた。どこかごみ置き場から掘り起こしてきたガラクタをからかっているような感じもするが。

③ IFRICO

写真149は城東1丁目の美容院IFRICOの看板である。電話帳には「イフリコ」と出ており、津軽弁の「いふりこき」のことであるのは間違いない。「こき」は「こく」の連用形で、漢字で書くと「放く」つまり「放出する」という意味で、「屁をこく」とか「馬鹿こくな」など下品で乱暴な言い方の言葉である。過度のおしゃれをして気取っている女性に対する一種の蔑称ではあるのだが、一方ではそのいふりこきの枠を楽しみ、同感し、羨んでいるというような雰囲気をも感じさせる言葉でもある。いふりこきを演じ続けるためにはそれなりに暇も金もさらに覚悟も必要だろうから、それも適わぬ階層は羨みの眼差しを送るほかない。

IFRICOの下には「VIDAL SASSOON TP ARTH」とあり、入り口のガラス戸には写真150のように「IFRICOではVIDAL SASSOONの技術プログラムを受けたStylistが担当いたします」とある。何のことかよく分からないので、この写真を撮っているときに出てきた兄ちゃんに訊いてみ

写真 149

ると、VIDAL SASSOON はアメリカ人のスタイリストで、TP ARTH はイギリスのメーカー名であるという。ただ、ARTH は地球のことだと言っていたが、それならEARTH でなくてはならないし、ARTH は他の言葉であるかもしれない。TP とは何であるのかは訊くのを忘れていた。IFRICO をなぜ IFURICO と書かないのかも訊くのを忘れた。

この写真を撮ってしばらくして2012 年彼の死が報じられた。新聞には次のようなことが書かれていた。ロンドン生まれのユダヤ系で、14 歳で美容師になり、1960 年代には当時としては斬新な手入れの簡単なショートカットを発表、働く女性の人気を集めた。自らの名を冠したヘアケア製品などが世界各地で売られているほか、各地に美容学校があると。

間もなく店は閉じられた。

④　ブティックヌーベル

写真151は上瓦ヶ町のデネガ企画の前を通って代官町に出たところ、明治安田生命の隣に残る表示である。閉店してからもう10年以上にはなる。

多少オリーブ色がかった灰色の壁に金文字が調和してなかなか洒落た感じになっていて、想像を掻き立てるものがある。しかし、近づいてよく見

写真 150

写真 151

ると、字の表面に尖ったものでひっかいたあとがたくさんついていた。まさか本物の金ではないかどうか確かめようとしたわけではないと思うが。字を剥ぎ取っていかなかったのは幸いである。

2015年、ここはアンティークの家具、食器等の店になった。看板が出ていないので店名は分からなかったが、入口の横のガラスに小さくgreen furnitureとあったので、これがそうなのかもしれない。入口の壁の色は殆ど黒に近い色になった。

⑤　髭文字の看板

写真152は代官町の旧白戸医院の隣にあった店の看板である。客が読めるかどうかよりもこんな派手な造形の看板を掲げてみたかったのよということなのかなと思いながら看板を眺めているうちに何の店か確かめるのを忘れてしまっていたが、写真の下部にsummer saleとあり、ガラスのうちに黄色いTシャツらしいものが映っている。看板の左半分は「Little」らしいとは思ったが、右半分は数日後にそこの店のお姉さんに「Witch」であることを教えてもらうまで分からなかった。「Little Witch」（小さな魔女）なのだった。最後の「W」が大文字になっているのが妙だなとは思っていたのだが、反転されているところまでは気が回らなかった。残念。この店も2013年閉じられた。

写真152

この字はやたらにあちこちに節か棘のような突起があって、髭文字と呼ばれる。これは一種の装飾文字であるから髭の生え方も一様でなく、この看板の字よりさらに分かりにくく髭ぼうぼうのものもある。医学部に入ると、英語のほかに第2外国語としてドイツ語かフランス語を選択しなければならない。最新の医学情報を得るためには外国語の文献を読みこなすことが必要だからで、同級生はみなドイツ語を選択した。ドイツ語の小島先生は辞書として「CASSEL'S German and English DICTIONARY」を強く勧められたので、大枚をはたいてそれを求めたのだが、ドイツ語の見出しは勿論、中の記述部分のドイツ語もこの髭文字で書かれていて甚だ使いづらかった。

因みに日本には髭題目というものがある。題目とは日蓮宗で唱える「南無妙法蓮華経」の七字のことで、これを書くときの書法を髭題目という。**写真153**のように「法」の字を除く六字の先端を髭のように左右に伸ばして書くものである。日蓮宗には申し訳ないが、なぜこのように奇をてらったような字形にするのか、私は嫌いである。

写真153

⑥　ジブラルタ生命

写真154は代官町のみちのく銀行弘前営業所の隣にある「ジブラルタ生命」の看板であるが、Gibraltar の綴りはいいとして、なぜ一般的に通用しているジブラルタルでなくて敢えてジブ

ラルタにしたのかと引っかかっている。ジブラルタルはイベリア半島南端の地名で、大抵の地図ではジブラルタルになっておりジブラルタとしているものは見たことがない。

イベリア半島の南端のこの地は717年にムーア人の軍司令官タリクが進攻して砦を築いたことから、この岩山はアラビア語でジュベル・アル・タリク Djebel-al-Tarik と命名され、その後これがここの小半島と海峡名に転用され、転訛してジブラルタルとなったもの。そういう事情を勘案すると、やはりジブラルタよりもジブラルタルのほうがいいのではないかと思う。ちなみにこの小半島はスペイン領ではなく、イギリスの直轄領となっていて、イギリス海軍の基地が置かれている。社のマークは何を表したものか。

写真 154

⑦ 行方洋服店の跡

写真155は代官町の石田パン店の隣の建物で、今は空家のようである。かつての店名の文字痕がまだらに残っており、合わせて文字を留めていた鋲の痕を辿ると「行方洋服店」であったことが分かる。ずっと以前はたしか山道町の昇天教会の筋向いにあった。その店かどうかわからないが、ここに移ったあと現在は東城北に移っているようだ。

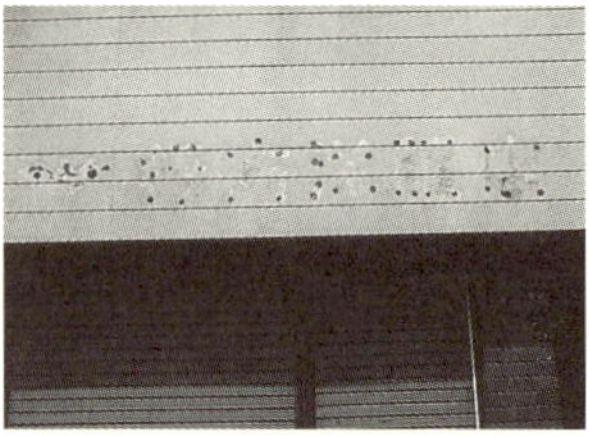
写真 155

⑧　YOUのあとは？

写真156は代官町、みちのく銀行の隣にあるFashion house YOU（ファッションハウス・ユー）の看板で、銀行の方への視線を塞ぐように道路際の低い所に取り付けられている。店舗の入口の上にも同じ表示があり、その「U」のうしろに「|」のような線があるのに気付いた。建材の継ぎ目でUの次の字が切れてしまったでは思ったが、どうもそうではないようだ、変だなと見回すとこの丸い看板があり、ここも同じようになっているのであった。

写真156

⑨　洋服直し工房

写真157は富田3丁目にあった洋服直し工房の看板である。この種の看板は比較的こじんまりとどこか遠慮がちなたたずまいのものが多いのだが、これは大きな柾目の板に彫ってある。しかしこのくらいの大きさになると看板の出来が目立ってくるのは仕方がない。

気のついたことを述べると、先ず上下の余白はもう少し大き

写真157

くした方がいい。これでは「洋」の字の頭がつかえて窮屈に見える。字はなにも達筆である必要はないが下手は下手なりに自覚して丁寧に書けば、もう少し味のあるましなものになるのではないか。「洋」はもう少し大きく、「直」の第1画はもう少し長く、「し」は少し小さく、「工房」は少し小さくといったところか。こういう看板では洋服の直しの出来栄えも多少気がかりだなと思っていたが、2013年いくばくも経たぬうちに廃業し、居酒屋に変わった。

写真158は車庫の側壁からのびている小さな看板で、濃褐色の板にエメラルドグリーンで書いてあるので近づかないとちょっと分かりにくいが、丁寧な仕事をしてくれそうな気はする。この写真を撮ったのは2011年であるが、ちょうど3年経った2014年には写真159のように劣化していて、近づいて目を凝らしても判読は困難な状況であった。仕事が続けられているとしても、この看板ではもう新たな客は来そうもない。

写真 158

写真 159

⑩ おしゃれ下着

若葉2丁目にある若葉食堂はおしゃれな下着を販売しているシャルレの代理店でもあるらし

く、外壁にはこんな看板が貼り付けられている（写真160）。食堂の中がどうなっていて、どんな場所で下着の注文を承っているのか分からないが、ラーメンや焼きそば、餃子などの煙もうもうで匂いのしみついた小さな食堂とおしゃれ下着の取り合わせがいかにもミスマッチな感じで、おしゃれ下着のようないわば夢を売る仕事をしている会社の感覚がどうなのかなと思う。これでは若い子は来るとは思えない。来るとすればおばちゃんだろう。

ところでこの「シャルレ」とはどういう言葉なのだろう。近いのはCharlesで、そのフランス語読みは敢えてかな書きすればシャルル（ラ）（英語読みならチャールズ）で男子の名前となるも、おしゃれ下着とは結びつきにくい。ひょっとして「オシャレ」の駄洒落かなと思ったりもするがどうだろう。

⑪　**ドリームハウス　若葉町2丁目**

写真161は右と同じ若葉にあるドリームハウスというアパートの壁に貼り付けられている表示である。「ここは若葉町2丁目6の2です」とあるが、ここは若葉町でなく「若葉」だからこの表示は間違いである。これを書いたのはここの管理者であるグリーン住宅という不動産屋である

写真160

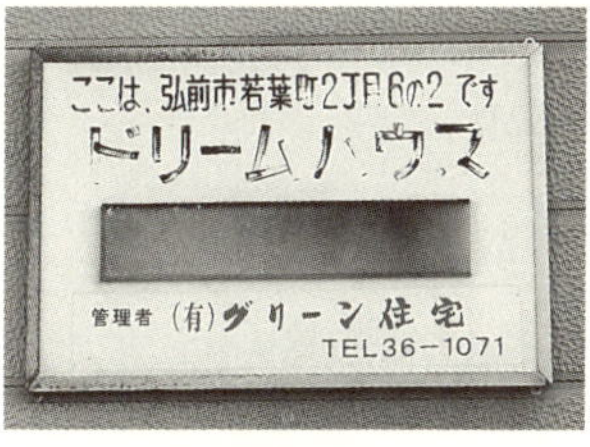

写真161

が、こういう町名や番地表示に正確であるべき会社がなぜこんな間違いを犯してのほほんとしているのか。ここの入居者も気付かぬわけはないだろうに。電柱に貼り付けられている東北電力の線名表示にも「若葉町線」という間違い表示がある。

地図を見ると、町名に「町」が付いているのは旧市街地で、その周囲の農村部やそこへ通ずる地域では付いているところは少ないことが分かる。私が子供の頃、同級生の家が樹木にあってよく遊びに行ったのだが、その先もずっと樹木でリンゴ畑か原野が続いていた。今の若葉のあたりは陸軍の練兵場だったところで、それが民間に払い下げられて畑地になったり、さらにその後徐々に宅地化していった。若葉はその頃にできた町名であろう。正式には「町」は付いていないのに「町」を付けた表示はときに見ることがあるが、多少でも「町になりたい」という「あすなろ」的な願望があるからではないかと思っている。弘前城からずっと離れているのに、城東とか城南のような地名にするのも同じような感覚ではないか。

⑫　コリンズはコリス

写真162は紙漉町のコリンズというアパートで、横文字部分のIが脱落したままになっている。写

写真 162

写真 163

真163は同じ建物の壁面にあるプレートで、こちらは最初からIとSの間にあるはずのNが抜けてcollinsがcollisになっている。これはマップサービスという住居探しの会社が作った、あるいは作らせたもののようだが、一見すれば間違い表示であることは分かる筈なのにそのままにしているというのは、ちょっと誠実さを欠くような感じがする。大袈裟にいえば右のドリームハウス同様に企業の信頼性にも多少かかわることのようにも思う。

⑬　マインドハウス

写真164は文京町にあるアパートの壁面で、マインドハウスとある。オウム真理教の事件があって、その衝撃が大きかったことからマインドコントロールという言葉が一般化した。宗教のみならず仕事でもスポーツでも多くの分野で心の在りようを変えるために修業が行なわれてきたわけで、本来まともな言葉だったと思うが、オウム以来不気味なマイナスイメージの雰囲気が漂っているようだ。このマインドハウスという名称も、ついそれを連想させるものがある。灰色の壁面、白の基板、薄緑色の文字、心地よいはずのパステルカラーの裏におぞましさを秘めているのではないかなどと。

写真164

⑭ お琴と三弦

写真165駅前三丁目の「お琴」と「三味線」の教室の看板である。同じ絃楽器でありながら、琴には「お」が付いているのに三味線には付いておらず、このあからさまな差別的扱いは何事ぞ。

弘前市内には他にも「お琴」とか「お琴ご教授いたします」などというような表示がひっそり立っているところが何カ所かある。琴は歴史的に上流階級のたしなみで女性が関わることが多く、その伝統が今も続いていて「お琴」が定着したのであろう。

琴を箏ともいう。辞書には、中国では13弦で柱（じ）（音階を調節する）をもつものを箏、7弦で柱をもたないものを琴（きん）として区別するが、日本では混同され、箏を一般に「こと」とよんでいるとある。また、箏で演奏するのは箏曲（そうきょく）、琴（きん）で演奏するのは琴曲（きんきょく）という。

写真の看板の教室の正式な名称は田中節子箏教室である。「箏」と書いたのでは何のことやら分からない向きに配慮して、看板は「お琴」にしたことが窺われるが、さらにこれには「お琴（こと）」とふり仮名まで付いている。私にはこのふり仮名の

写真 165

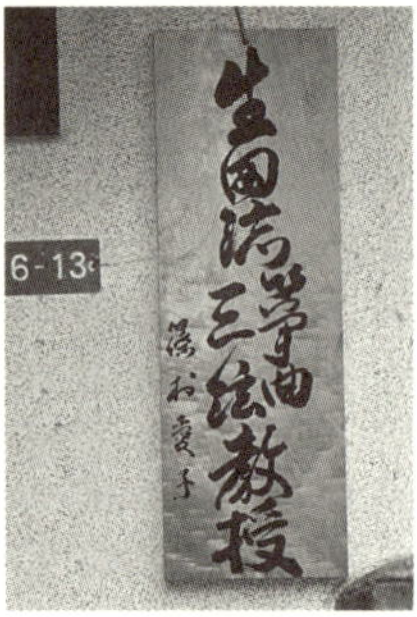

写真 166

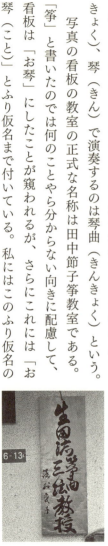

必要性、目的を含めてその意図が分からず妙にやきもきしている。はたして琴という字が読めない者が習いに来るだろうかと。

一方の三味線は、対照的に庶民の遊芸の世界の楽器で、会話の中では「お三味線」という言い方はあるにしても、表示では「〇〇三味線教室」のように通常は「お」抜きである。

写真166は冨野町の箏曲と三弦教授の看板である。三弦（絃）には二つの意味があって、ひとつは雅楽で使う3種の弦楽器（琵琶、和琴、箏）のこと、もうひとつは三味線のことであるから、この場合は後者のことになる。しかし右の「お琴」とは逆に「三弦」が三味線であることに気付かない向きもあるに違いない。凜とした風格を保ちたいという姿勢の表れかと思いつつ眺めている。

⑮　塗装業の看板

写真167は北柳町の宮川塗装の看板で、「＊トタン屋根以外の外壁、内壁その他の塗替えについても御相談をお受けします」とある。この文言をよめばトタン屋根の塗装が主たる営業項目であることは分からぬわけではないが、この種の看板にはまず主たる営業項目を書くべきである。「トタン屋根の塗装をいたします。外壁、内壁その他の塗替えについても御相談をお受けします。」くらいにしないと。

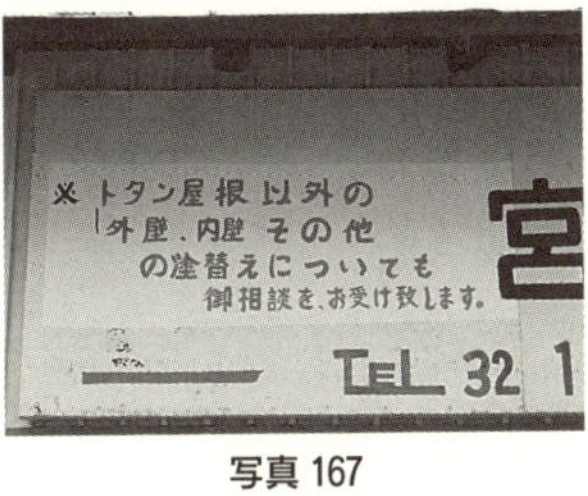

写真 167

⑯　たびshop

写真168は文京町の弘前大学生協の「たびshop」という看板である。近づいてみると右上の赤地白抜きの部分にJR・飛行機・バス・各種国内旅券・語学研修・卒業旅行など各種手配とあるも、なぜ「旅」でなく「たび」とかな書きにしたのか。斬新さを示そうとしたのかもしれないが、離れたところからでは一見しただけでは何のことか分からない。はじめは「足袋」のことかと思った。足袋ならばこれを読めない者もいるだろうからかな書きにする意味はあるが、この場合はとまどいを生ずるだけである。漢字で書けばすぐ分かるものをかな書きする、反対にかな書きすれば簡単なのに漢字にしたばかりに別な読みを生ずるようなことはときどき目にすることである。

写真169は土手町にある「たびすけ」という旅行会社の看板で、旅のお手伝いをしますということであろうが、これも前者と大同小異である。

写真168

写真169

⑰　走るめがね店

写真170は土手町の天賞堂めがね部の看板で「走るめがね店」とある。めがねが走るわけはな

いから、新しい感覚のデザインや先進的な機能を追求する姿勢を強調したものかなとは思うが、コマーシャルにしてもちょっとばかり表現が走りすぎているきらいがあるのではないか。

⑱　蝦名こんぶ店

写真171は新鍛冶町にある蝦名こんぶ店という看板である。全面にだいぶ錆があがってきてはいるもののまだ字ははっきりしており、入り口のガラス戸の店名もきれいなままである。

　この看板をはじめて見たのはずいぶん前で、30年あるいはそれ以上にもなるのかなと思うが、それ以来今に至るまでいつもこのように戸は閉まりカーテンが引かれた状態を見てきた。私は昆布が好きなので、店が開いていれば昆布を買おう、もし奥でおぼろ昆布を削ったりしているならそれを見せてもらいたいものだと思い続けていたのだが、だいぶ経ってからここはもうとっくの昔に廃業していたのだと思わざるをえなくなった。

　これほどではないが、ずいぶん前に廃業しているのにまだ看板が掲げられたままになっているところはかなりある。中には廃業した店の看板が片付けられぬまま別な店が入っているとこ

写真 171

写真 170

ろもあり、その件は前々著「気になる光景」にも収録しておいた。

⑲ 内気な店舗

上土手町の杉見糸店の向いから弘前駅の方に向かって「えきどてプロムナード」という通りがあり、流水が設えられ適当に木も植えられている。左側には**写真172**のごとく同じ大きさの2階建ての建物が3棟並び、そこに小さな店舗が嵌め込まれたように並んでいるのだが、看板が全くないので、少し離れたところからではそれらが何の店で、営業中どうかなども殆ど分からない。個々の店舗の造りもこじんまりとして入口は小さく、近づいても中の様子はほとんど見えず、パステルカラーの壁面もひとえに没個性的である。客らしき人が出入りしているのはついぞ見たこともなく、馴染みの客以外は入ろうとするのを拒んでいるかのような雰囲気がある。店の前に行って入口近くにある小さな表示を見て、ようやくそこがヘアーサロンだとかエステだとか退蔵貴金属の買い入れ店だとかが確認できる程度である。入ってすぐのところ、つまりこの写真の左端に青果物店があってそこにだけは人影もあったのだが、それも姿を消してしまった。また、朝9時か10時頃になってもシャッターが下りたままになっているところがあっても、休業なのか空家なのか、それとも朝が苦手の店主がそのうちに起き出してきて店を開けるのかど

写真 172

うかも分からない。果してこんな調子で商売が成り立っているのだろうかとか、ひっそりと廃業して別な店に変わっていても誰も気づかないのではないかと思ったりする。

総じて、近年はこういう感じの店舗が多くなってきたように思う。遠くからでも判るように大きな字で店名や営業内容を書いたり、中の様子がすぐ分かるほど入口を大きく作ったりするのはどことなく格好悪いとか気恥ずかしいというような気分があるのかもしれない。しかし、上品ぶってすまし顔をしているというより、ひきこもり的な妙な雰囲気を感じさせるものがある。社会全体の内向き志向的な風潮を反映しているのかもしれない。

⑳ 焼干しラーメンと「にく仙人」

写真173は文京町と中野1丁目と稔町とが接する4叉路のところにある飲食店の焼干しラーメンの立看板である。

焼干しは煮干しとは較べものにならぬほど作るのに手間がかかるから値が張るのも仕方がない。私などはこれを日常の出汁に使うのはもったいない気がして、酒を飲むときのつまみにかじる程度である。だから「焼干しラーメン500円」というような表示を見ると、本当に焼干しを使っているのかなと疑ってしまうのである。焼干しは100ｇ1000円はする。500円のラーメ

写真 173

ンにこんなものを使って採算がとれるのかどうかが問題で、行きつけの干物店でこのあたりを訊いてみると、ひとくちに焼干しといってもピンからキリまであるが、低品質のものでもとても100％は使えない、せいぜい20—30％ではないかということであった。しかし、焼干しラーメンと謳っている以上は100％とはいかなくてもメインは焼干しでなくてはならない。焼干しはたしかに使ってはいるがほんの名ばかりというのでは誇大表示、偽装、つまりペテンになってしまう。こんな表示を真にうけるバカもいるのだろうか。

序だが、私のパソコン（Windows XP）で「やきぼし」を変換すると「弥規模し」などというばかばかしい字のつらなりしかでてこない。焼干しを知らないバカソフトなのである。煮干しは知っているようだ。

ちょっと話は違うが、私はテレビの料理番組で気になっていることがある。それは、鰹節で出汁をとる時の削り節の量の多さである。あのように袋から鷲掴みにしてどっさり入れれば、小売りの袋などは1—2回で空になってしまう。画像に見るようなふんわりして上等なものは100ｇ1000円、粗い削り節に鰹節のかけらが混じった出汁取り用の混合品でも100ｇ350円程度はするから、その出汁を必ずしも一度に使ってしまうというわけではないかもしれな

写真174

いが、あんな使い方ではずいぶん金もかかる筈である。人を招いた時とか特別な場合は別にして、日常の食事ではそんなに張りきることはなく、さらっと済ませばいいのである。ああいう番組のプロデューサーや講師の料理人は家庭料理というもののありかたをどう考えているのかと思っている。

この焼干しラーメンの店が2013年に「にく仙人」変わった。以前の店名が何であったか記憶がないが、営業内容が変わっただけなのか店主が変わったのかも分からない。**写真174**はその看板であるが、「にく仙人」の両側に小さい「肉」の字が12ずつぎっしり並んでいて、私には「人」と右の「肉」がつながって「人肉」に見えて仕方がない。同じように感じて、少々ギョッとした人もいるのではないかと思っているのだが。この店はまもなく道路をはさんだところのビリヤード店のあったところに移転した。看板はこのままである。

㉑　塩と森永ネクターのコラボ

図175は富田町のバス停松森町角の近くにある専売公社と私企業が相乗りした看板である。たばこや塩の単独の看板もあるから、いつの頃からか分からないが、おそらくそれに私企業が相乗りさせてもらってこのような組み合わせの看板が生まれたのだろう。左の「たばこ」と「フコク生命」の組み合わせはよく目にするが、右の「塩」は三菱の「ミニキャブ」との組み合わせが多く、「森永ネクター」ははじめて目にしたので、珍しいなと思い撮ってきた。あとで拡

大してよく見ると、たばことフコク生命の方は上縁と下縁が2カ所ずつ計4カ所がねじ釘で壁に留めてあるのに対し、塩と森永ネクターの方はこのほかに森永ネクターの左右も留められているのに気付いた。

最初は塩とミニキャブか何かのペアであったものが、その縁が切れて、新たに作るのは費用もかかるから森永ネクターの鉄板をミニキャブの上に重ねてねじ釘で留めたのではないかと思ったのである。しかしこの写真ではそこがよく分からないので再度確認に行き下から斜めから眺めてみたが、重なりや継ぎ目らしいものは見えず、最初からこの組み合わせで作ったもののように思われた。すると、森永ネクターの左右を留めてあるねじ釘は何のためなのだろう。2015年にこの看板のあった建物は取り壊され、他の店舗になった。

写真 175

㉒ クローヌの字あまり看板

松森町のパチンコキング松森町店に接する一角に写真176の如く新仏蘭西菓子店クローヌという店があるのだが、たまたまその看板の Couronne と書くべきところが Couronne と「n」が一つ多くなっているのに気付いた。店主がそんなことに気付かなかったのか、気付いていても高をくっていたのか、気付いていた他人もわざと意地悪く教えてやらなかったのではないかといろいろ想像されるが、何年くらいこの状態が続いているのだろうか。念のため、Couronne

とは英語の crown（王冠）のことである。

この店の後にかつて高嶋屋醤油店があり、その一部がせいぜい数台分の小さい駐車場になっているのだが、写真177に見るように、ここはクローヌの左右にあって今は姿を消した Café & Rest あとりえ、シャンテリー、弘の海、ドラッグ松森が使っていたことが分かる。クローヌは Café & Rest あとりえのあとに開いたものか。

写真 176

写真 177

㉓　ジャルダン

写真178は富田3丁目の洋菓子店ジャルダンの入口に貼ってある表示で、「バースディケーキあります」の下にはケーキの種類と大きさと値段が書かれている。ジャルダンは「庭」という意味のフランス語であるが、「JARDIN」と書くべきところが「JARUDIN」とフランス語と日本語読みのローマ字表記が入り混じった状態になっている。もう一字間違って「JARUDAN」になっていれば、フランス語の日本語読みの完全

写真 178

なローマ字表記になりその方がよかったかなとも思うが、これは冗談。

㉔ 縦書き右への行移り

写真179は南横町の宮本工芸の入口の横にある看板である。下の「宮本工芸」は普通に右から左への行移りで書かれているのに対し、上の「あけび細工」の方は左から右への行移りでと書字方向が異なっており、このような物件は初めてである。ただ、双方の字の色が異なっているのは意図的に変えて描いたものか、下の字が褪色したせいか、書いた時期が異なるのかなど分からない。

写真180は富田町の民家のこみせのような所にあるりんごの無人販売所の表示で、「リンゴ終りです　ありがとう様でした　又ネ」とある。毎年秋にはこれと同じものが貼り出されるが、このように縦書き・右への行移りで書かれている表示は今でもたまに見られる。最後の「又ネ」のあとは「!」か「?」か。

写真 179

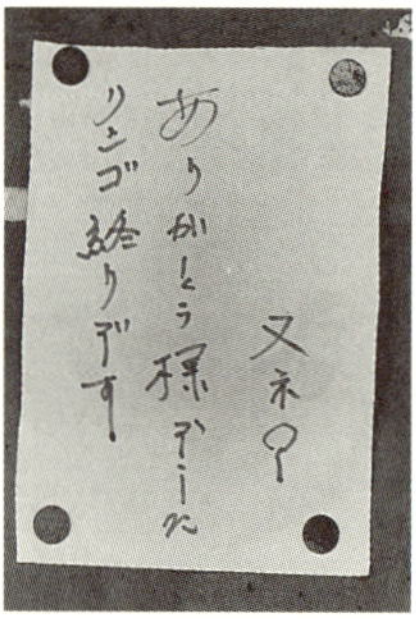
写真 180

3　お知らせ

①　休業のお知らせ

写真181は飲食店の一時休業のお知らせである。ここは数年前（6、7年くらいになろうか）三忠の富士見町分店の隣に開業したラーメン店であるが、すぐに休業してしまった。

休業の理由が「体調不良の為」となっているが、他でも「腰痛のため」とか「入院のため」などというのもあちこちで目にすることがある。これらは大袈裟にいえば今時のいわゆる個人情報的なことでもあり、常々こういうことを書く必要があるのだろうかと思っている。簡単に「都合により」とか「勝手ながら」程度にしておく方がよくはないか。体調不良などと言うと、どこが悪いのだろうかとか、「しばらく休業」が何年も続くと、きっとこれはあまり良くない病気だったんだとか、治ったとしてももう仕事はできないのではないかとか、憶測を呼ぶのは必定だからである。結局この表示は何年間も貼られていたが、いつの間にか撤去されていた。その店舗は今も閉められたままである。

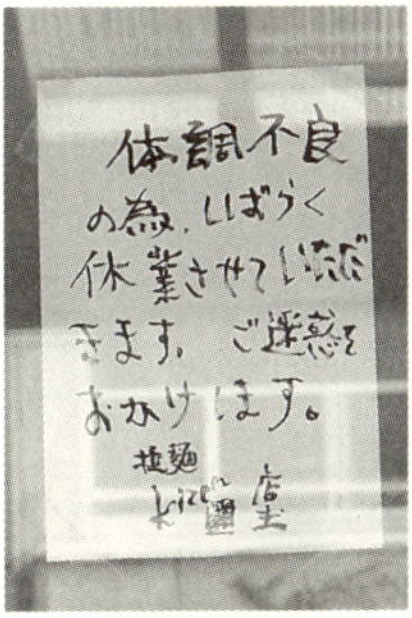

写真 181

② 久しい「本日休業」

写真182は銅屋町の戸田うちわ餅店の「本日休業」である。うちわ餅というのは薄く切った長方形の串刺しの餅に甘い胡麻だれをかけたもので、このあたりの名物といっていいほど有名であった。一日に作る量が限られているらしく、それが売り切れると昼頃でももう店を閉めてしまうので、そんな時は朝から休業だったのか売り切れなのか分からなかった。しかし、この数年はガラス戸の内にこの小さな札がかかりっぱなしで、閉店に近い永の本日休業に入ったように思われる。何か事情があっての一時的な休業で、都合がつき次第再開するつもりであるとしても、いつまでもこの「本日休業」のままというのはこれまで贔屓にしてくれたお客さんに対して失礼ではないかと思う。

写真182

③ 定休日のお知らせ

写真183は本町のNTTの向いにある店舗のシャッターにある表示で、「定休日　毎週日曜日」とある。何ということもないが、この「毎週」が必要だろうか。一年を通して日曜日は必ず定休日なのだから、わざわざこの字を入れる意味はないだろうと思

写真183

うのだが。

④　定休日が分からない定休日表示

写真184は2ページ前に取り上げた洋菓子店ジャルダンの定休日の表示である。定休日は月に2回のようであるが、それが第1週の何曜日と第3週の何曜日かが書かれていない。字が薄れたのかもしれないと近づいてみたが、痕跡もなかったから、最初から曜日を入れなかったのであろう。表示に関係なく、とにかくこの表示を出した今日が定休日なのだよというような調子らしい。

写真 184

この店の前のスペースにはツツジとナンテンとラベンダーとが植えられ、店の中には君子蘭の鉢植えもあるのだが、私はずっと前からこれらの植物ももう少し手入れができないものかともどかしく思っている。この定休日表示を合わせ考えると、ここの主人は多少ずぼらなところがあるに違いない。

⑤　「廃業の知らせ」

写真185は松森町角に近い「たぬぎ屋」というおでん屋の閉店の表示である。まあ大したこと

ではないが、通常「廃業のお知らせ」となるところが「お」抜きでややふてぶてしい感じの「廃業の知らせ」になり、「御世話になりました」でようやく頭を下げているような、ちょっと妙な感じが残る。

⑥ 店舗移転のお知らせ

写真186は和徳町の店舗移転のお知らせである。旧店舗（現在地）と移転先は矢印で示されていてよく分かるのだが、私のようにこのあたりに不案内なものにとってはここが何という店であったのかも皆目分からないのだから、少なくとも最後は「○○店店主」くらいにすべきではないか。ここの店主はだれでも自分の店のことは知っているだろうという思い込みがあってこういう文面になったのであろう。こういう例は結構あちこちで目にする。

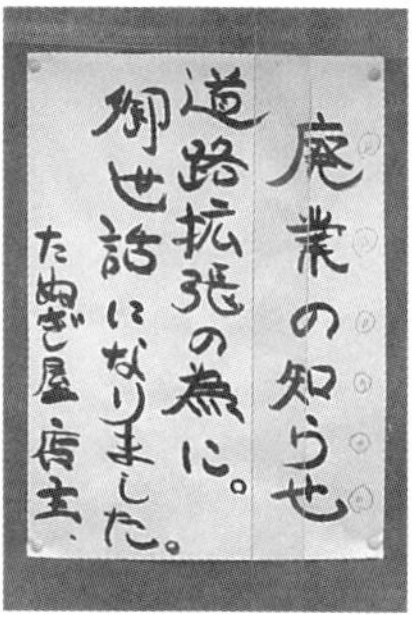

写真185

写真186

4　発音、漢字、用語の問題

① 201号室いご用の方は

写真187は御幸町の古い小さいアパートの入口の階段の脇にある表示で、もうだいぶ字が薄れている。「二〇一号室へご用の方はこの階段をお昇り下さい。」と書いたつもりらしいが、よく見ると「二〇一号室へ」が「二〇一号室い」となっている。「え」と「い」の発音が紛らわしいのは津軽弁の特徴の一つだが、ここでは字までこんなになっているのだった。これを書いた人もいろんな場面で「〇〇へ行かれる方は」というような文面は何度も見ている筈だが、いざ自分が書く段になると見た字は忘れてしまって自分の日ごろの発音の通りに書いてしまうものかなと思う。

また、階段の「段」が「叚」になっている。この字は「段」とは関係のない「仮（假）」の原字で、音は呉音が「ケ」、漢音は「カ」で、動詞として「かりる、かす、正体をごまかす」、名詞として「仮面、かぶりもの、うわべ」の意味である。

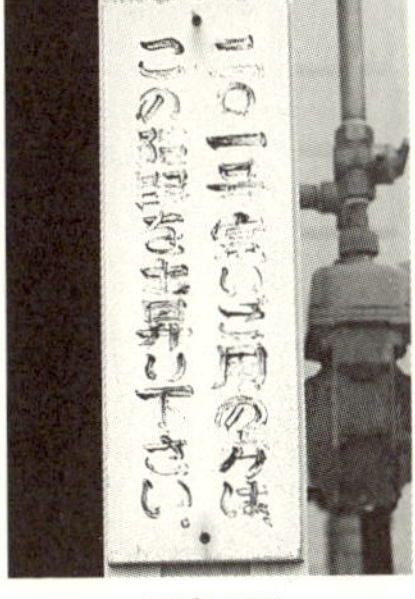

写真187

② 「葉取らず　みちいっぱい」

写真188は寒沢町の八百屋のガラス戸のうちに積んであったりんごのケースの張り紙である。まず、葉が「枼」になっている。この字は漢和辞典には載っていないが、葉の解字（なりたち）をみると、「枼」は3枚の葉が木の上にある形で、葉の字のもとになったものである。したがって間違いとは言えないが、現在は正式な字としては認められていない。私のパソコンの馬鹿ソフトに載っていたのは意外であった。リンゴの収穫を前に、色付きを良くするために何割か葉を除去して日光に当てる操作も行なわれるのだが、最後まで葉を取らずに味を良くしようというのが「葉取らず」である。

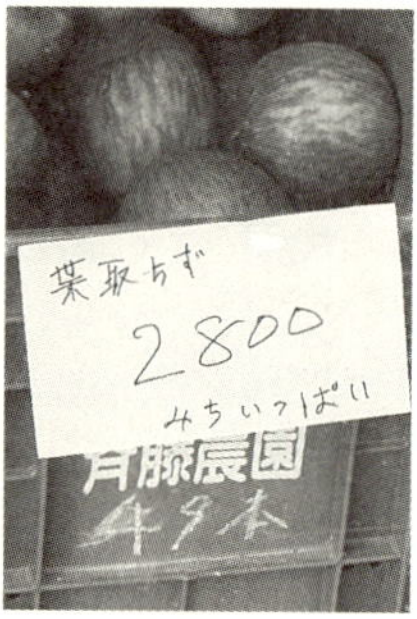

写真188

一方、「みちいっぱい」の「みち」は「みつ（蜜）」である。ケースの中のふじは蜜の入りやすい品種である。この蜜とは甘い糖になり損ねた糖分で、この部分だけ取り出して味わってみても別に甘いというわけではないが、これが多く入っているりんごは糖度が高く美味い。弘前大学生命科学部内の園地に弘前大学で開発したりんごの植栽されている一角があり、そこに「こうこう」という品種が薄黄色の丸みのある果実をつけていた。2013年11月に大雪の降った数日後そこへ行ってみると、取り入れは終わって木の下に落ちりんごが残されていた。あまり傷んでないのを拾って帰り、横に切ってみると割面の半分以上に蜜が入っていて、糖度はそれほど高くはなかったように思ったが歯触りもよくなかなか美味であった。

③　麺が津軽、字も津軽

写真189と**190**は富田三丁目、県道109号線沿いにあるラーメン店「福の家」の立看板である。**写真189**は「津軽」が3回繰り返されていて、よそ者にはなんのことやら分からぬかもしれないが、津軽弁では「ちがう（違う）」を「つがる」という。つまり麺もスープも当店特製で、他店とは違うことを強調しているのである。

写真190では「麺が違う、スープが違う」というふうに「違う」という字まで違ってしまっているのが御愛嬌である。おまけに、「御賞味下さい」の「御」も中央部分が怪しいし、旁（つくり）も「卩」（ふしづくり）でなく「阝」（おおざと）になってしまっており、大サービスというところ。ラーメンの前に是非この看板も御賞味下さい。なお、この店は2013年突如廃業したので、残念ながらこの立看板もなくなった。

写真 189

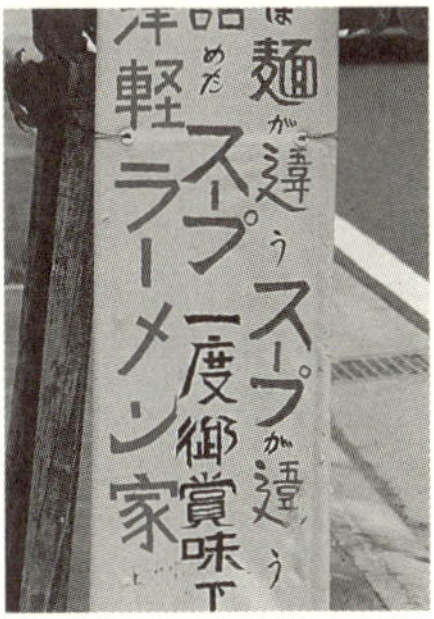

写真 190

④　いづかんだ　出すな!!

写真191は取上地区で見かけたごみ集積所の警告文である。この「いづかんだ」というのは津軽弁の「いづだかんだ」の「だ」が怒りのあまりぬけてしまったものとみえる。ごみは仕分けをして決められた日に出すことが求められるのに、そういうことを守れない人種がいて責任者が手を焼いているのである。「いづだかんだ」は共通語で何というか思いつかないが、「時を選ばず」の意味。「なんだかんだ　何だ彼んだ」（あれこれ、あれやこれや、何のかの）と同列の言葉。3行目の「あなたの○○に!!」の2字分の空白には何が入っているのかは分らないが、はじめの2行の怒りの調子を押えているように思う。怒ったままなら「あなたの」でなく「おまえの」とか「おめの」、さらにはもっとひどい罵倒の言葉になっていた筈である。

⑤　適当な本日終了

写真192は駅前三丁目のテキーラ家「HACIENDA LA COLONIA」の看板である。横文字の部分はスペイン語で、集団（集まり）の農場とか財産というような意味だが、この場合は溜り場というようなことなので

写真 191

写真 192

あろう。写真193はそこの「本日終了」の表示で、これには営業時間と電話番号が入っている。終了時間が「適当」となっているのは「随時」とでもすべきところ。なお、この店は電話番号帳のタウンページには載っていなかった。

⑥「うまい」と「おいしい」

旧岩木町五代にあるつがる弘前農協岩木支店の入口の上に「うまい岩木りんご　おいしい岩木米」という看板が掲げられている（写真194）。「ん？」と引っかかったのは、なぜりんごが「うまい」で米が「おいしい」のかがちょっとばかり腑に落ちなかったからである。

辞書には、うまいは「甘い、旨い」で「味がよいこと」、おいしい（美味しい）は文語形容詞「いしい」（味がよい）に接頭語「お」がついたもので、「うまい」より丁寧かつ上品な感じを与え、女性が好んで使うとある。

しかし、私はこの二つの形容詞はそれだけではなくてちょっとニュアンスが異なっているように感じていた。20数年前に「鯛のタイ」を書いたとき、最初の原稿では「うまい」と「おいしい」を書き分けたのだが、それを見た草思社の編集者がそんな違いはないというので

写真 193

写真 194

渋々書きなおした経緯がある。私の偏見では、「おいしい」というのはたとえば魚なら鯛などのように多くの人が好感をもって「美味なるかな」と感ずるような、上品で正統的な（？）偏りのない味の褒め言葉であるのに対し、「うまい」の方はこの外にたとえば発酵食品のなれずしや塩辛などのように味や匂いが個性的で、「これは旨い」（津軽弁では「こんみとうめなぁ」）と評価する人がいる一方で、あまり評価しない、むしろ味や匂いに馴染めぬ人も少なくないというような語感だという気がするのである。これは私の勘違い、偏見、独断ないし妄想であることは重々承知の上ではあるが、編集者の言うことを聞かずに主張を通すべきであったと今でも悔やんでいる。

この表示のことに戻ると、岩木のりんごと米は単に言葉のリズムを踏んだだけのもののようだ。

⑦　ごみ置き場の表示

写真195は寒沢町の某（プリンスコート寒沢）というアパートの前のごみ置き場の注意書きである。濡れないようにビニールで包んであるので光って見えにくいが、次のように書いてある。「ゴミ置場　生ゴミ収集時間は毎日<u>8:30分～10:30分</u>　一般の方も、学生さん

写真 195

も、決められた時間・日々に出すようにお願いいたします　グリンと黄色のネットは必ずかけて下さい（鳥のカラスが来ます）　木材、空のダンボールは中に入れない用に、それと雑紙ゴミ袋が入らなくなります　良ろしく御願い致します」と。なかなか読みごたえのある表示で、散歩の友というべきか。

⑧　難読立て札

写真196は南大町1丁目の空き地にある立て札である。薄いベニヤ板に40×60㎝の紙が貼り付けられた上に9ヵ所も鋲でとめてあり、それにサインペンで大きく書かれている。下半分に別な紙が重ね貼りされているのではっきりしないが、少し離れたところに同じような表示があり、「私有地です!!―「ごみすてるな!!―ビデオカメラで見て―います。罰金15万円―請求します。工藤」となってい

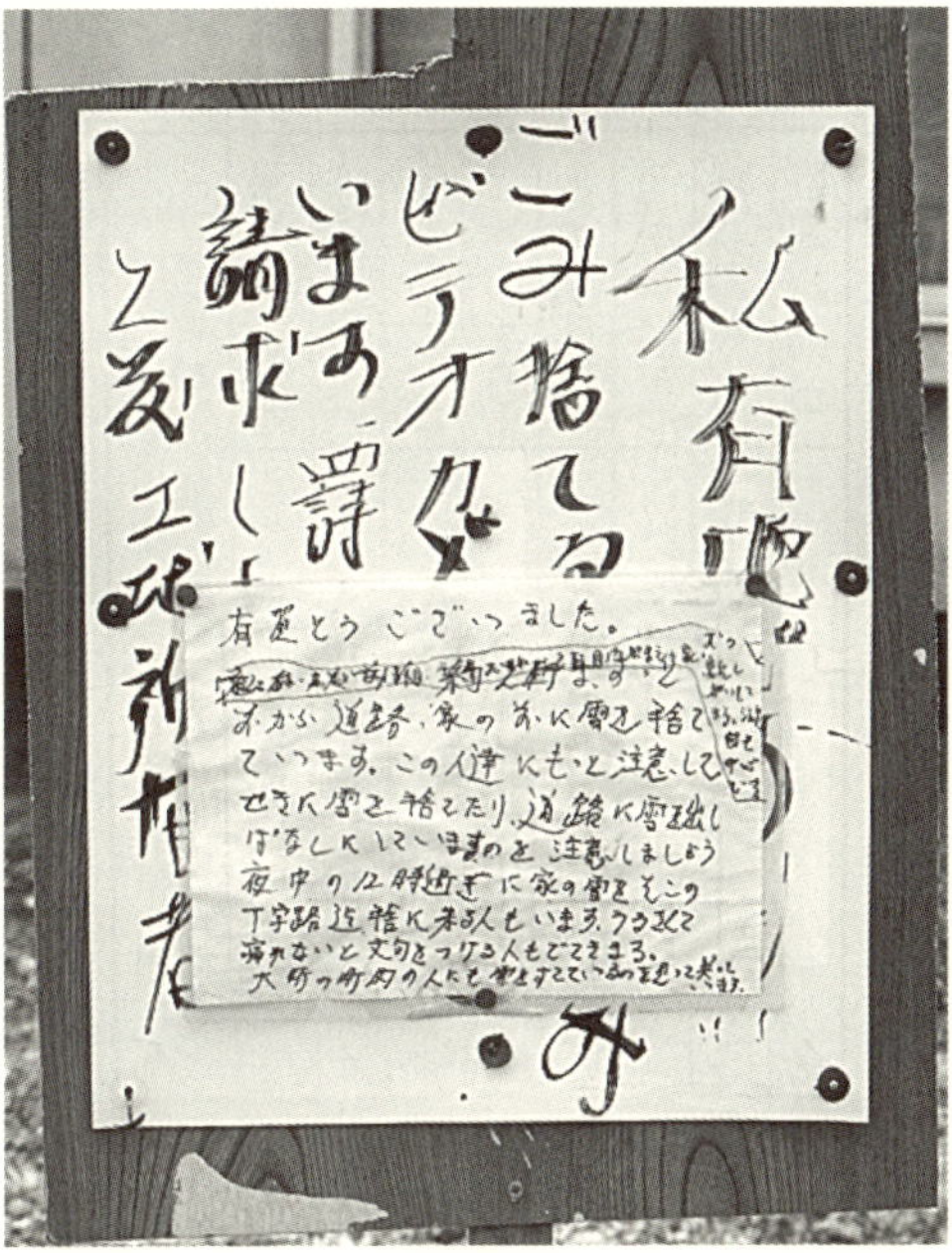

写真196

た。「罰」という字は誤字、それと「罰金15万円」のところの「15」の次に「枚」と書きかけて消した痕が見えていた。この写真の文言もほぼこれと同じであると思われる。

下半分の小さい字の部分も貼りつけられた上に3ヵ所鋲が打ってある。雪の不適切投棄に対する注意だが、1行目に「有賀とうございました。」とあるのは、ごみ捨てがなくなったことに対するものであろうか。問題は2行目で、この上に小さい字で重ね書きかされているために何のことか分からぬ状態になっている。

なんとか「私○　人前に約2軒○、ずっと」程度には読めるもののなかなかつながらない。「ずっと」以下は「前から道路、家の前に雪を捨てています。この人達にもっと注意してせきに雪を捨てたり、道路に雪を出しぱなしにしていますのを注意しましょう。夜中の12時過ぎに家の雪をそこのT字路迄、捨に来る人もいます。うるさくて寝れないと文句をつける人もでてきます。大町の町内の人にも雪を捨てているのを見って笑っています。」である。

小さい字での重ね書き部分は線で囲ってあり、「　1軒目、　た　2軒目門がまえの家、」、そこから右下にむかって「犬の離しがいしてます。注意、自己中心です」と犬の放し飼いを戒める内容になっている。この立札の前を左に何mか進んだところがT字路で、そこにきれいな門構えの家が3軒並んでおり、そのうちの2軒が批難の対象になっているらしい。

5　その他の表示

① 「にどうぞ」

写真197は文京町のそば処もみじ亭の壁にある案内の表示である。前にも同類のものは何度も取り上げてきたが、これも語句の区切りが不適切で「お気軽　にどうぞ」と妙な感じになっている。

② めんやひまわり

写真198は松森町と富田町の交叉点にあるラーメン店「めんや　ひまわり」の看板で、「ラーメンをご注文していただくだけで　カレー、ハヤシ、中華丼、サラダなど十数種類が　なんとおかわりOK　セルフでサービス」とある。

この文面をどう考えるかだが、ラーメンを一杯食べればあとは何でも食べ放題に突入するというふうにもうけとれる。しかしそんなことをしていては食い気旺盛な若者が押し寄せれば店はたちまち破綻することは間違いないから、それはないだろう。さればいかなる解釈が成り立つか。

写真 197

写真 198

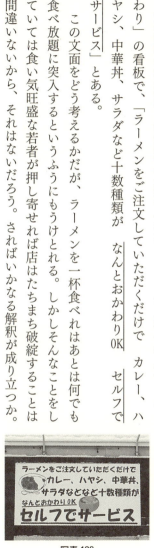

ここはラーメン店だから、ラーメンを多く売らなくてはならない。ラーメンを一杯食べた後にカレーを注文したとすれば、カレーについてはおかわりOK。そのあとにハヤシを注文したとすれば、ハヤシもおかわりOKで、十数種類のメニューについて全部その方式が成り立つ。まあこれなら、テレビの大食い番組にでも出てくるような余程の大食漢でも来ない限り、食われすぎて店側が損をすることはないだろうと、そんなふうに考えていた。しかし、「おかわりOKと書いてあるじゃねえか」とすごまれれば、そうではないことを納得させるのは容易なことではない。ただ、「おかわり」とは「飲食したあと、同じものを続けて飲食すること」だから、これが唯一の言い訳路線だろう。だが、「おかわりOK」も1回だけか、それとも何回でもOKなのかもはっきりしない。この種の表示は誤解を生まぬよう、うっかりして思い込みの文面になってないかどうか注意する必要がある。

そのうちに一度は店に入って確認しなければと思っていたら、2015年になってこの表示は写真199のように変わっていた。「ひまわりはなんと！ラーメン、つけ麺をご注文いただくだけでカレー、ハヤシ、サラダ　お新香などセルフでサービス！　サラダは、お新香はまとめて一皿　カレー、ハヤシなどはおかわりOK！（一度だけ）」とあり、その下に

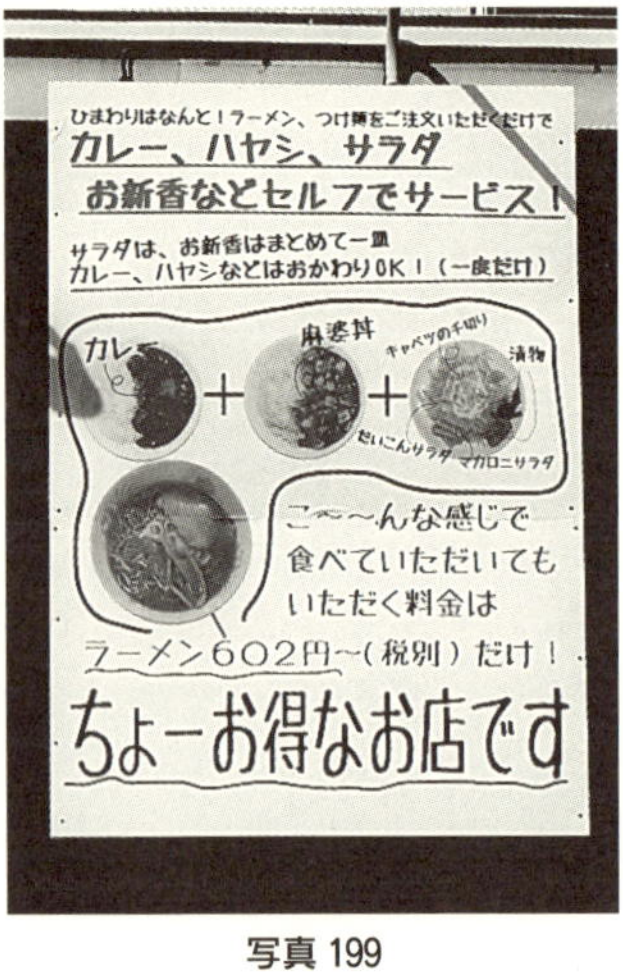

写真199

ラーメン、カレー、麻婆丼にサラダや漬物の1皿の4点を囲んで、「こーんな感じで食べていただいてもいただく料金はラーメン602円～（税別）だけ！　ちょーお得なお店です」とある。

店に入ってあたりを見渡してからカウンターの前に座り味噌ラーメンを注文する。店員の女の子は無口そうで、初めての客の私にもおかわりの説明などはせずただ黙々と仕事をしていた。店の一角におかわりのコーナーがあって、先着の客がセルフで盛り付けた皿を自席に運んでいたので私もそれにならってサラダを取ってきたが、サラダ用の皿は小さくて（直径12、3㎝くらい）充分量を取り分けることはできなかったし、それを取り分けるトングも小さくて（角砂糖用くらい）甚だ使いづらく、舌打ちしたいような気分であった。カレーなどの皿もそれより幾分大きいくらいで、おかわり用はすべてミニサイズというよりケチケチサイズなのであった。味噌ラーメンの味はまあ普通であった。

以前の看板の「……十数種類がなんとおかわりOK」は調子がよすぎて誇大広告の感じが濃厚であった。実際はそれほど気前のいいものではなかったために、おそらくそのことで客との間にいざこざがあって、現在のような表示に直したのだろうと思っている。「ちょーお得なお店です」の「ちょー」も「ちょっと」か「ちょっぴり」に直した方がいい。

③　弘南鉄道注意！

豊田跨線橋の下にはＪＲ奥羽線（西側）と弘南鉄道黒石線（東側）が近接、平行して走っている。跨線橋を西から東へ渡るときそこに目をやると、双方の線の間の電柱に**写真200**の表示が見える。表示の付いている電柱は全部で10本。黒石線に背を向け、奥羽線側から見えるようになっているが、何のためか分からなかった。

献血業務で南大町のユニバースに行ったとき、表町のＪＲの宿舎から献血に来てくれた運転手に訊いてみると、かつてこの区間では機関車の出し入れのために係員が弘南鉄道側の線路に足を踏み入れることもあり、その際に弘南鉄道の電車に接触したりすることのないようこうして注意を促していたのだという。現在はその危険な状況も解消されこの表示はほとんど役割を終えたのだが、撤去するには多少のためらいがあるのかなと思っている。黄や赤は褪せやすいものだが、この表示は年数が経ってもまだまだ色もよく新しいままの状態を保っている。上質の塗料で作ったのであろう。

弘南鉄道注意！
写真200

④ 変電所の注意表示

変電所を囲む柵には必ず危険防止の注意書きが貼り付けられている。**写真201**は城東一丁目の東

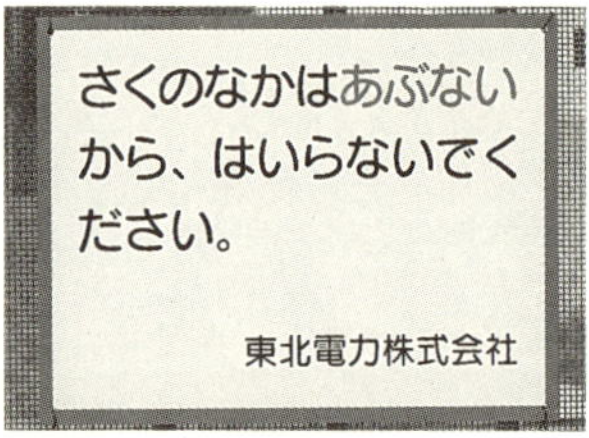
さくのなかはあぶないから、はいらないでください。
東北電力株式会社
写真201

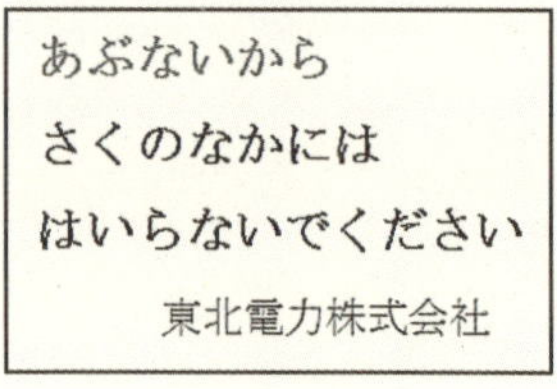
あぶないから
さくのなかには
はいらないでください
東北電力株式会社
図25

弘前変電所のものだが、他の変電所にも同じものが貼ってある。小学1年生でも読めるようにかな書きになっているが、言葉の順序、字数、字の配置などについては多少考える余地があるように思う。

私なら**図25**のように、1行目「あぶないから」、2行目「さくのなかには」、3行目「はいらないでください」にする。危ないのは柵の中だけではなく、柵そのものも隙間から入り込んだり乗り越えたりしようとすれば危ないからだが、これはちょっと添削過剰かな。

高田四丁目の変電所には**写真202**と203の表示が貼られている。**写真202**は実質的に**写真201**と同じものである。**写真203**の「フェンスに除雪した雪を押し付けないようにお願いいたします」も、言葉の順序を変えて「除雪した雪をフェンスに押し付けないようにお願いいたします」とする方がいいと思う。

写真204も同じ趣旨の警告表示で「危ないから近よらないでください」である。**写真205**はその

写真 202

写真 204

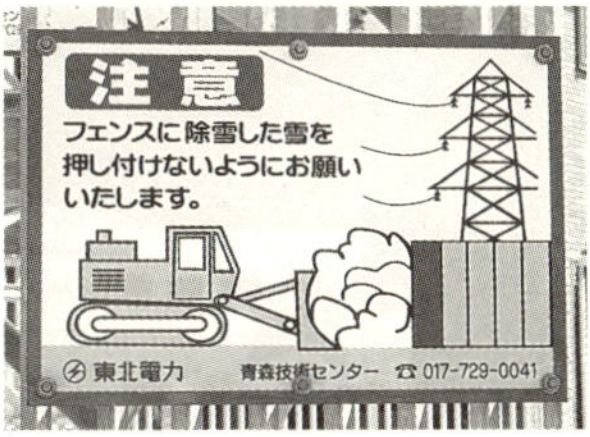

写真 203

写真 205

「危ない」が抜けて「　から」になっており、ここに字が入っていた形跡はない。**写真206**は「危ない」と書くスペースが1字分しかなくなって、やむなく「危」に「あぶない」とふり仮名をして誤魔化そうとしたものである。たったこれだけのものなのに、字の大きさや色、地の色なども異なっており、あちこち探せば、仲間はもっと見つかるかもしれない。

⑤ 丁寧な頭上注意

写真207は集合住宅らしい建物の入口に見える頭上注意の表示であるが、この表示が変わっているのは、上下に外向きの矢印が記されていることである。屋根から雪塊が落ちてくるとすれば、建物の外側であることは分かりきっている筈だからわざわざこういう矢印を付けるまでもないと思うが、主はきっと何事にも丁寧な（津軽弁では「までだ」という）方に違いない。

⑥ ズボ裾上げ

写真208はどこで撮ったか忘れてしまった。洋服のリフォームをしますという旨の張り紙であ

写真 206

写真 207

るが、「ズボ裾上げ」はいただけない。「ン」を入れるくらいの余裕はあるし、「ン」を書き忘れたのなら書き直せばいいではないか。この程度のものなら5分もあればできる。本来なら「洋服のリフォームを致します」だけで充分な筈だが、それだけでは心もとないというならそれを1枚目にして、2枚目に「リフォーム、修理、ズボンの裾上げなど」具体的なことを書けばいいと思うが。

写真 208

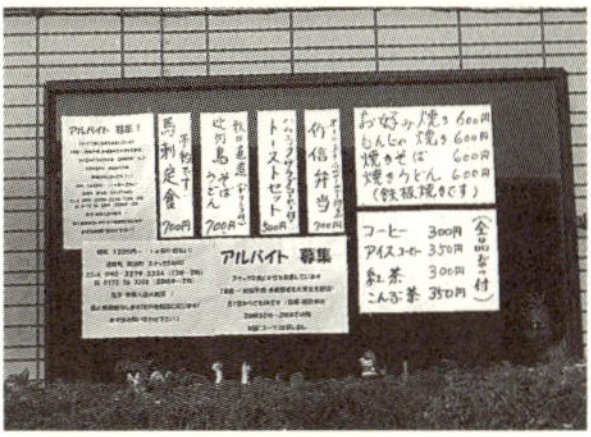

写真 209

写真209は富士見町の軽食喫茶・竹信の窓にある表示である。メニューの他にアルバイト募集の要項が貼ってあるのだが、最初に貼ったと思われる左上の縦長の紙を上下2枚に分けて拡大コピーしたものをも左下に左右に並べてある。なぜ同じものを貼っておくのか分からないし、2枚続きの横書きの紙はこれとは反対に左から右に貼るべきものだろう。

この2カ所では先に書いた張り紙とあとで書いた張り紙の内容が重複していたり同じものが貼られていたりして、店主の整理できない性格のようなものを感じさせる。

⑦　新聞配達スタッフ募集の貼紙

写真210は富田町の毎日新聞弘前専売所の入り口のドアに貼ってある配達スタッフ募集の表

示で、同じようなものが全部で6枚もある。少し離れたところからでも見えるように、この4倍くらいの大きさの表示を1枚貼った方がいいように思うが、大きい表示を作るには大きな紙が必要だしプリンターも大きくなければならないから、数で間に合わせようということか。この数日後に通りかかると、写真211のように右下の縦書きの1枚が一回り大きい台紙に貼られてこのドアの左側の窓に移されていた。週に1、2回ほどはここを通るが、その度にここは様々なポスターなどが頻繁に貼り替えられている。同じものを何枚も貼るのは、単に外から中が見えないように目隠しのつもりかもしれない。

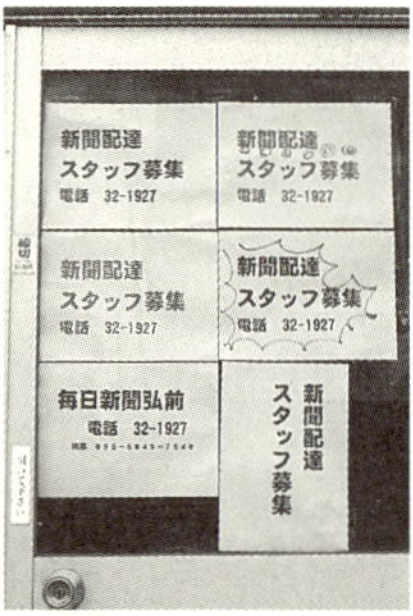

写真210

写真211

⑧ 男女別のコインランドリー

写真212は豊原二丁目のアパート、エトワール第2の前にあるコインランドリーで、トイレ並みに男女別になっており、道路側に男性用、自動販売機の右（奥）に女性用がある。

男物の洗濯に使われた洗濯槽で下着を洗うのが嫌だとか、狭

写真212

い空間で見知らぬ男性と一緒にいなければならないような状況になった場合の警戒感など女性側に配慮した設計かなとは思うが、入口の幅が狭かったり通りからは中が見通しにくい構造になっているだけに、防犯上は問題がありそうにも思える。

⑨ 古い電話番号

街でたまに古い電話番号を見かけることがある。

ⓘ**写真213**は大富町の進藤印刷所の古いコンクリート製の門柱にぽつんと残っているもので、「電話九四一番」とある。上の「電話」は右書き、九四一番の番の第1角がなくて金文の「番」になっている。なぜ金文なぞを用いたものかと思う。（現在の番号は32―1941）

ⓘⓘ**写真214**は土手町の菊池薬店の復刻金看板で、電話は三十六番である。（現在の番号は32―7556）

ⓘⓘⓘ**写真215**は松森町角の高木静一商店の看板で、「電話三四六番」となっている。（現在の電話番号は32―6491）

写真214

写真215

写真213

前者はいわゆるトマソン的遺物として、後二者も骨董的ないし文化財的意義が認められていると思われるが、次の物件になると、こういう状態でいいのか疑問がある。

ⅳ**写真216**はP.178で触れた南横町5の宮本工芸の看板であるが、入り口のシャッターの上に「あけびづる細工TEL②—0796」とある。しかし、盛業中の工房が、こういう古いだけの電話番号を今も掲げている意図が分からない。現在の番号は32—0796である。局番は分からないが、ここに適当に数字を入れて掛けてみてということか。

写真216

⑩　電柱の地名・番地表示の重複

写真217は向外瀬1丁目と栄町3丁目の境に立っている電柱である。本来はその電柱の立っている地区の地名・番地が表示され、このように1本の電柱に異なる2枚の表示が貼り付けられているのはかなり珍しい。立っているところが境界線の真上ならこんなことがあるのかもしれないが、この他には見かけたことはない。

写真217

⑪　**天満宮への道案内**

写真218は兼平の天満宮に至る道筋の何カ所かに見られる道案内の表示である。この（滿）という字は「満」の異体字というべきものなどではなく、でたらめ文字だと思う。それは「満」という字の解字（字の成り立ち）を全く反映していないからである。こういう字を使うことで他とは違うことを強調して存在感を高めようとしているかなと思ったりしている。

⑫　**大仏公園への案内図**

写真219は弘南鉄道大鰐線の石川駅舎内に貼ってある大仏公園への案内図である。前回の電柱の線名表示を見回ったときも今回の蔵探しでもこのあたりはくまなく歩いたので、道筋は分かっているのだが、この案内図

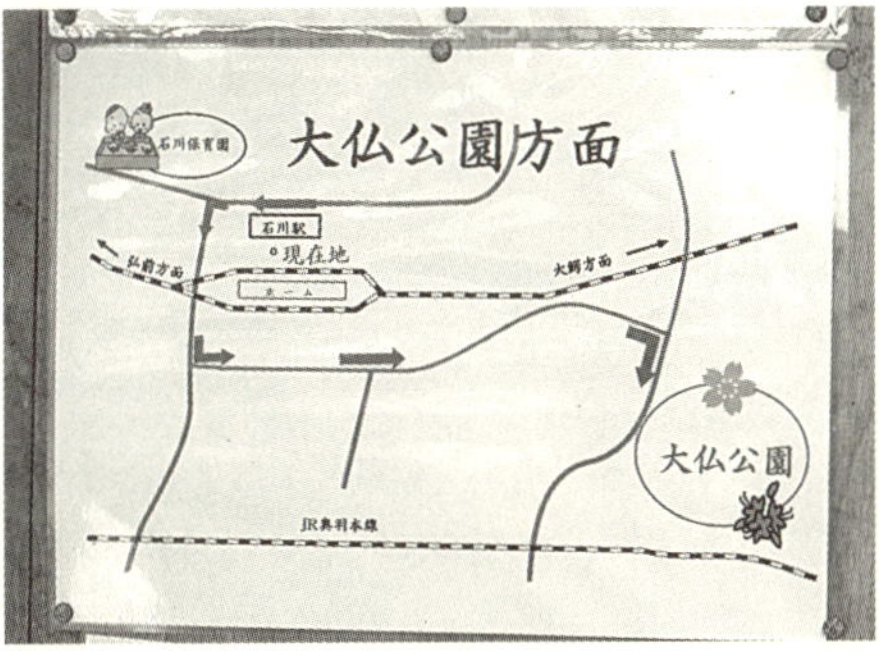

写真 219

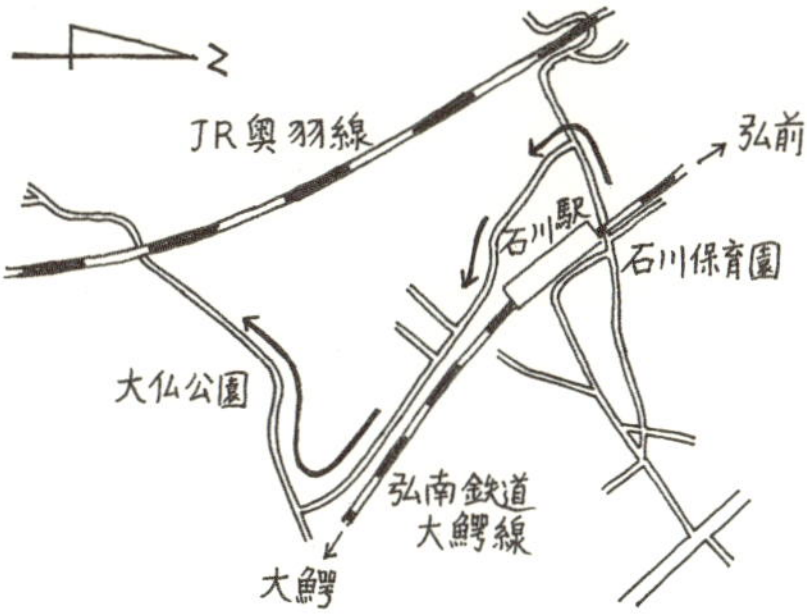

図 26

写真 218

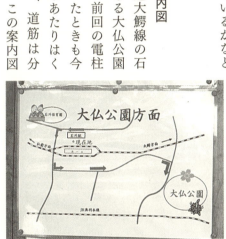

を見た時は「えっ?」と一瞬方向感覚が狂ってしまったような気がした。

ここの待合室で普通に座るとほぼ西を向くことになり、駅のホーム、線路越しに左方に大仏公園の木立を望むことになる。線路は右方向が弘前、左方向が大鰐であるから、そのまま案内図に目を移してそのようになっていれば問題ないのだが、この図はそれがさかさまになっているために混乱してしまうのである。この案内図は180度回転し、方位を入れる必要がある。**図26**のようにすれば戸惑うことはないと思う。他の駅にあるかもしれない案内図もこんな調子になってないかどうか。

⑬ 洪水の記録

新寺町から茂森町に至る250 mほどの中ほどに、寺沢川にかかる下寺沢橋という小さい橋がある。**写真220**はその傍らに立てられている表示で、昭和52年6月5日に起こった寺沢川の氾濫時の水位を示したもの。水位は住宅の1階の窓の高さくらいに達していた。この川はアップルロード付近に始まり、小さな沼、堤をつないでりんご公園の少し南、新寺町の北側、南塘グランドを通り弘前高校と最勝院の間で土淵川に合流している。全長5 kmほどの小さい川で、子供の頃はしばしば溢れるのを見ていた。南塘グランドの脇には同級生の家や医学部の職員住宅もあり、何時のこと

写真220

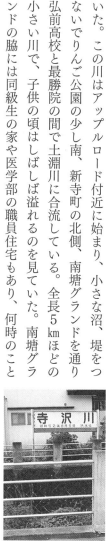

だったか医学部の眼科の入野田教授が水に浸かった家の窓から身を乗り出して手を振り大声で助けを求めていたことをまざまざと覚えている。かなり大規模に改修が行われてからは溢れることはなくなったが、近年は地球環境が狂って、これまでの常識では考えられなかったような猛烈な集中豪雨が毎年日本のどこかで起こるようになったから、これからは決して安心できない。

⑭　岩木町避難所

写真221は旧岩木町の岩木川沿いの龍ノ口研修館で、入口の柱には小さい字で岩木町避難所とある。この地区で避難が必要になるのはまず岩木川の氾濫であろうから、避難所というからには一段と高い所でなくては意味がない筈だが、ここはそういう場所ではない。たしか、岩木支所から鼻和に至る通りでも避難所の表示を見た記憶があるが、なぜここが避難所になりうるのかというような感じで、単に施政の成果を強調せんがためのでたらめなパフォーマンスとみるべきだろう。

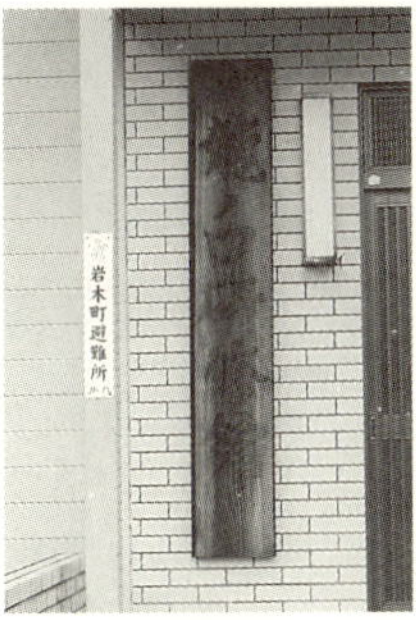

写真221

⑮　たばこ屋

写真222、223、224は楮町のたばこ屋である。以前は食料品店であったらしく、成田食料品店という看板はそのままになっている。角地にあってそこが隅切りになっているので3面が道路に

写真 222

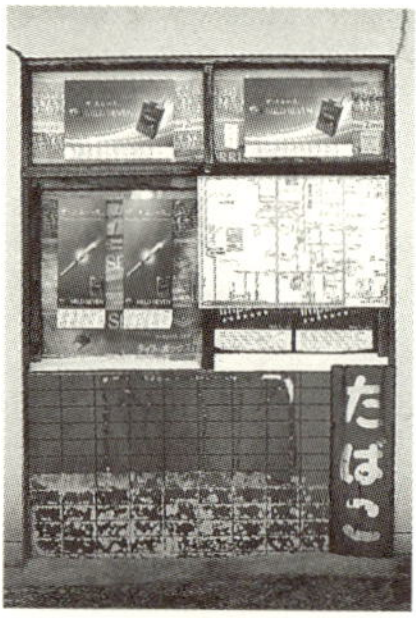

写真 223

写真 224

写真 225

面しているが、驚かされるのは、その3面の殆ど全面にたばこの広告のビラが貼られていることである。向かって右側には10枚、中央には下に重ね張りされているものも含めると15枚ほど、正面には15枚の他に自動販売機の側面や正面、さらに角の部分にまで小さいのがこれでもかというほどに貼り付けられていて、合計すると50枚以上にもなる。

しかもこれらのビラの下部には健康に及ぼすたばこの害についての警告文が刷り込まれている。**写真225**はその最も長文のもので、「喫煙は、あなたにとっては肺がんの原因の一つとなり、心筋梗塞・脳卒中の危険性や肺気腫を悪化させる危険性を高めます。未成年者の喫煙は、健康に対する悪影響やたばこへの依存をより強めます。周りの人から勧められても決して吸ってはいけません。たばこの煙は、あなたの周りの人、特に乳幼児、子供、お年寄りなどの健康に悪影響を及ぼします。喫煙の際には、周りの人の迷惑にならないように注意しましょう。」とある。たばこを吸わない私は気がつかなかったが、現在はたばこのパッケージにもすべてこういう警告文はついているのだった。これはおそらく厚生労働省から強く求められたもので、決して業界の本意ではないだろうが、日本たばこ産業が作成したとは思えないほどの出来栄えで、まあよくここまで書いたものだなと意外な感じさえする。

果してこれでたばこが売れるのだろうかと思ったり、ひょっとしてこの店はたばこの販売はどうでもよく、むしろたばこの害毒を広く知らしめる啓蒙組織の出先機関ではないかとさえ思ったりするほどだが、こんなカムフラージュに騙されてはいけない。たばこの害毒がこれほどにひどいものであることを認識して公言していながら、それとは裏腹に店の中が見えないほど広告のビラを貼り付けて売らんかなの姿勢を示していることこそ、日本たばこ産業が死の商人たることの動かぬ証拠なのである。

⑯「シシトウ」でのお詫び

駅前町の大町タウンビルの筋向いにあるいわま鍼灸整骨院の前では、夏から秋にかけて小さな台を置いて自家栽培の野菜が売られている。

先日、ここに「『シシトウ』でのお詫び」が貼ってあった（写真226）。「前回までに『シシトウ（ジャンボを含む）』を買われたお客さま、中に『枝変り』と思われる辛い物が混じっていました。本当に申し訳ございませんでした。お詫びに今回無料で1袋差し上げますので、お持ち帰りください。」という文面である。

良心的な内容なのだが、ちょっとばかり思うこともあった。まず辛いシシトウに当たった客がどれくらいあったかである。「枝変り」とあるからほんの一部というニュアンスだが、実際はどうだったのか。スーパーから買ってくるものの中にもたまに辛いのが混じっていることがあるし、無人販売所のものなどはもう少しありそうに思うが、私はトウガラシと付き合うにはその程度のことは許容範囲なのではないかと思っている。この表示を見て、辛いのが混じっていたといって無料で貰っていった人はどれくらいいたのだろう。それと、無料で差し上げた袋にも、まさか辛いのが混じっていたなんてことはないでしょうね。枝変りした枝を特定できていればそんなことはないわけだが。

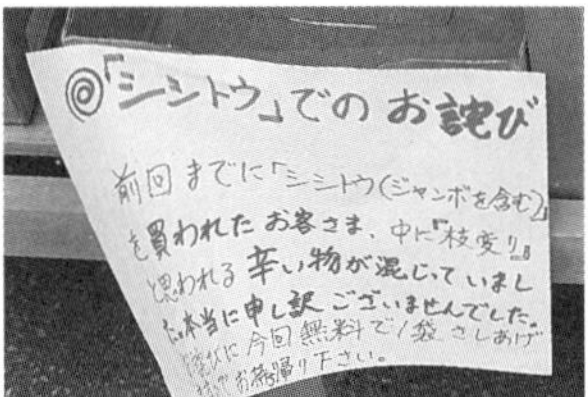

写真 226

⑰ お話は小声でお願いします

写真227は富田三丁目の金子整形外科の駐車場にある表示で、「ご近所の迷惑になりますので　お待ちの間は静粛に　小声でお話をするようにお願い致します」とある。ここは患者が多く、朝はすでに6時代から順番待ちの車が来ており、顔なじみ同士が車

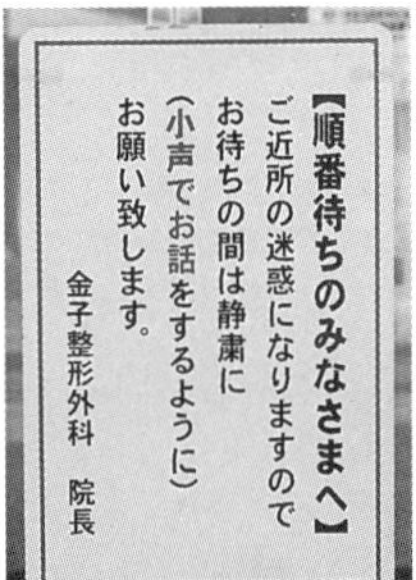

写真 227

から降りて話に興じている。ショッピングセンターのような広い駐車場ならともかく、町中のこんなせいぜい十数台くらいの駐車場で、しかも早朝から大声で話をされては隣近所に迷惑がかかるのは当然であろう。

迷惑がかかるかどうかは別にして、電車の中、病院の待合室など色々な場所でも同じような光景が見られるが、なぜこんなに大声で話をしなければならないのかと思う。そんな集団を見ていて気付くことは、大声で話しているのはその中の何人かで、そのような人の振舞いに注意してみると、時々ちらと周囲に目をやって他人の反応を窺っているかのように見て取れることもある。つまりそのような人は目の前の話し相手と話をするだけではなく、大声を出すことで周囲の耳目を自分たちに集中させることを意図したパフォーマンスを演じているようにすら思える。もっとも整形外科の駐車場で順番待ちをしている人たちは老人が多いだろうから、多少耳が遠くなっていて、大声での話はそのせいなのかもしれないのだが。

私が検診医を務めている献血バスの中もまさに似たような状況である。騒がしい献血者も来ることはあるが、ここでのやかましい主役は看護婦である。好意的に考えれば担当の看護婦は献血者が退屈しないようにとわざと賑やかにしているという見方もできようが、献血バスの中での実質的な採血時間はせいぜい5－10分程度であるから献血者が退屈するようなことはまずないといってよい。

おしゃべりは洋の東西を問わぬ女の性（さが）だから、絶えずしゃべっている者がいても

「相変わらずべちゃくちゃとよくしゃべっているな」という程度で、普通の声量でならそうひどくうるさいとは思わないが、バス全体に響き渡るようにびっくりするほど声高なことが困るのである。

何がどううるさいのか、あまり具体的に書くとうるさい本人の特定につながり差し障りも出てくるから控え目にしておくが、一言で言うと、相手の話に対する相槌というか愛想笑いというかがやたらに声高で頻回なことである。

相手が何か言うたびに、別に特別なことでなくても「えぇーっ」とか「ぎゃーっ」とか「ひぇーっ」と驚いてみせる。相槌を打つように「は・は・は・は・は」「は・は・は・は・は」を繰り返す者もいるし、また「ひゃっ・ひゃっ・ひゃっ」「ぎゃっ・はっ・はっ」「へっ・へっ・へっ・へっ・へ」「はっ・はっ・はっ・はっ・は」「え・へ・へ・へ・へ」というふうに聞こえるほどどうるさい者もいる。また、自分が話したあとも同様に素っ頓狂な馬鹿高い声を繰り返し発する者もいる。

そのやりとりを聞いていると、受け答えが気が利いているとか面白いからそんな声を出しているというわけでもないようで、自分に周囲の耳目を集中させたいとか、比較的単調な仕事の中で賑やかにして互いに盛り上がろうとしているのではないかとも思える。新人としてやってきた頃はそんな声は立てなかったのに、その後何年間か他所の献血ルームなどでの勤務を経てバス勤務に戻ってきたときには、看護婦の中の序列も上がってそれなりに自信を持つようになったからなのかうるさく化けていたということもあるし、仕事に慣れてくると早くから本性を現すこともあるなどさまざまである。

受付を終えた献血者がバスに入ってくると、あらかじめチェックされている23の問診項目のうち問題のありそうな点（病歴、治療薬、海外渡航歴等々）について検診医の私が確認の質問をして献血の可否を判断するわけだが、やや大げさに言えば、そのやりとりが聞きづらくなるほどの馬鹿高い声が聞こえてきて2、3秒会話を中断せざるをえないようなこともある。「うっるさいな」とそちらを振り向いても、張本人はこちらの様子には気付かない。他の検診医たちがどう思っているか訊いたことはないが、何度も来てくれている献血者がこの場に居合わせて「結構うるさいですね」と囁いたことがあったし、私と目を合わせて呆れたような表情を見せることもある。他の場でも彼女らの過度の賑やかさに眉をひそめている声を何度か耳にしている。

また、献血車が高校や職業訓練校などへ行くと、類は友を呼ぶで、賑やかな生徒同士が何人かまとまって入ってくることがある。しばしばその騒ぎ方が度を超えることがあり、私は「ここは騒ぐところではない。もう少し静かにしなさい」と声を荒げたこともあった。そのような時、担当の看護婦たちには騒ぎを鎮めるように振舞ってほしいのだが、それどころか生徒と一緒にきゃーきゃー盛り上がってしまうことが多い。あとで看護婦に注意したことも何度かあるが、すぐ忘れてしまうようで、さっぱり改まらない。

大体、医療現場では看護婦がそんなに腹一杯大声を出して盛り上がっているようなことはない。献血バスの個々の看護婦の履歴を尋ねたことは殆どないが、新卒ですぐ血液センターに来たという者はあまりいないようだから、病院勤務での雰囲気は知っている筈である。ここは医療現場ではないけれども、本性丸出しで騒ぐような場所ではないのだから、そこをしっかり弁えてもらいたいということなのである。

同じ職場の中でこういうことを注意するのはかなりのためらいもあるのだが、思い切って切り出しても相手がその事をどの程度まともに受け取ってくれるかが問題である。殆ど習慣化している迷惑な癖がそう簡単に改善するとは思っていないにしても、こちらの切なる期待に反して相も変わらずばか高い笑い声が聞こえてくると困惑というより怒りを覚える。また、直接にではなく遠回しにやんわりと注意するような話し方をしても、それが自分を含めてのことを言われていることに気付かず「蛙の面に水」のような者もいる。上位の看護婦にもそういうのが少なからずいて困ったものだと思っている。指導的立場の上位者がそういうことを認識していれば下位の看護婦に対して注意を促すこともできる筈だが、それをやっているとは思えず、状況は以前とほとんど変わっていない。

家族を含めて私の周辺にはその種の人間はあまりいなかったから、ここはとにかくうるさいところだなと思う。これは品格の問題であり、敢えて差別的な表現をすれば、「育ち」の環境の影響かなという気もするし、敢えてもっとひどい言い方をしてみようか。大して面白くもおかしくもない事を云ったり聞いたりするたびに馬鹿高い笑い声を発して場の雰囲気を盛り上げようとするのは風俗などの接客業の女と大して変わりはない。笑いを生業（なりわい）にする女性を何というかは御存知だろうね。それほどまでして献血の場を盛り上げることはないのである。録音でもして聞かせてやれば鏡を見るように気付くだろうか。

大体、日本の女性の声は調子が高く幼稚な印象だというのが世界的な評価のようである。そんな声で「可愛さ」を印象づけようとしているとすれば、滑稽というほかない。「お話は小声で」なくてもいいけれど、くれぐれも「どうかお話は静かにお願いします」。控え目な看護婦さんにはごめんね。

ここでかなり辛辣なことを書いたのは、同じ職場の個々の看護婦に面と向かって注意するようなことは甚だ気が重いからで、せめてこの文を読んで多少でも反省してもらいたいと思うからである。なかなか改まらぬ時には注意の程度をグレイドアップさせることも必要かもしれない。

また、献血者と看護婦のやりとりを聞いていると、こういう話題はこの場では不適切ではないかと思えることもあるし、献血者のなかには他愛ない駄洒落のようなことを話しかけられてもあほらしい、うるさい、面倒くさいと感ずる人も少なくないだろうし、そんな話しかけにやむなく応じている人もいるのだから、そういうことにも気付いてほしいのである。

ついでにもうひとつ言っておくと、自分の言葉遣いがおかしくないかもどうかもよく考えてほしい。何でもかでも「だいじょうぶ」という言葉がうんざりするほど頻繁に使われているし、たとえば注射針を刺して「痛みはありませんか」というべきところを「痛みとかだいじょうぶですか」、「痛みのほうだいじょうぶですか」、「痛みのほうとかだいじょうぶですか」と云ったり、相手の話に調子を合せるように「へぇー」（尻上り）や「ほんとですか」を繰り返したり、敬語の使い方もちぐはぐで、そんな看護婦と乗り合わせた日には、近くにいる私は一日じゅう辟易している。近年は言葉遣いの乱れを指摘する本も相次いで出ているから覗いてみてはどうか。まあ今回はこの程度にしておきましょう。

6　無人販売所の光景

近年は季節の野菜や果物の無人販売所があちこちに見られるようになった。生産者の直売によるものが多いから、何よりも新鮮だし、値段もスーパーマーケットなどより格段に安いので大歓迎である。

自宅近くに三上さんというりんご農家があり、毎年7月になると写真228のような無人販売所が作られる。野菜なども多少余分に作っているらしく、きゅうり、なす、トマトなどが顔を見せ、そのうちに早生種のりんごが現われはじめ、次々に役者は変わり、晩秋のふじ、王林で幕を閉じる。その間に梨、枝豆、にがうり（ゴーヤ）、とうもろこしなども出てきたりする。

ところで、無人販売というのは客を信じることで成り立っているわけだが、代金を払わずに商品だけをいただいてゆく不届き者はどれくらいいるものかというのが気になっている。これまで怪しいのではないかと感じたことは何度かあった。傍らに他の客の目があれば、あえて危険を冒して不正をはたらくようなことはないかと思うが、一人の場合とか、客がいても少し離れたところで他人と立ち話をしていたり

写真228

する場合などはその隙があるかなと思う。

ある時、200円のりんご1袋を買ってこの場を去ろうとしたとき、以前怪しいのではないかとにらんでいた中年の女性がやってきて物色し始めた。私は素知らぬふりをしてそこから死角になっている左側のブロック塀の陰（この写真の左端）に退いて耳を澄ましていると、代金を木箱に入れる音がコッコッと二つ聞こえた。彼女が去ったあとその場に戻ってみると、さきほど2袋あったりんごはなくなっていた。箱に入れたのが100円硬貨であったとしての話だが、200円で400円分のりんごを持ち去ったことになる。

写真 229

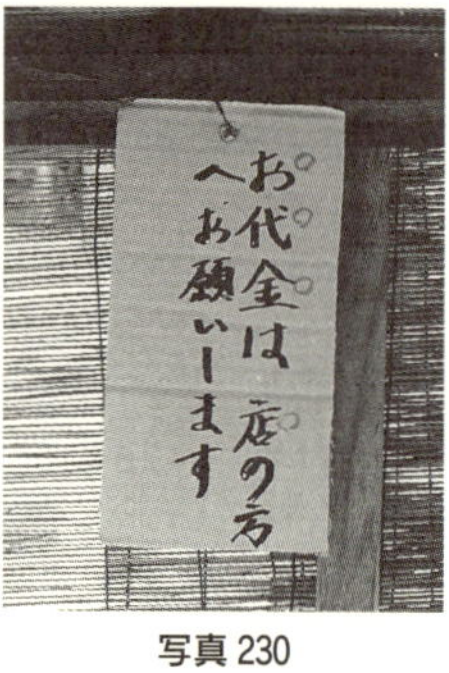

写真 230

写真 231

写真229、230はやはり近くの食堂「あお菜」の前の無人販売所である。代金は備え付けの木箱や缶に入れるのではなく、奥の食堂まで届けて下さいとある。黙って商品だけを持っていかれてはどうしようもないが、この方がむしろごまかしは少ないのではないかという気もする。

写真231は弘前駅裏の城東一丁目のりんごの無人販売所で、「お金はきちんと入れましょう」とある。空しさが漂っているような感じがする。

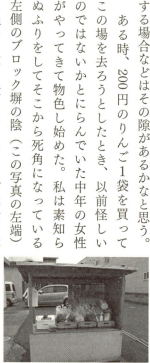

写真232は清水一丁目の無人販売所で、「人のものを盗む　それは犯罪です　それはつみになります　料金箱を時々お金を取ってからっぽにしているので　入れたかすぐにわかります」と書いた紙が貼ってある。写真を撮っているとそこのおばちゃんが出てきたので話をきいてみると、この先、清水二丁目から大原三丁目にかけての道路沿いには無人販売所がいくつかあるが、どこでも代金の不足に頭を悩ませているという。犯人は大体見当がついていても顔見知りだったりするとすぐにとっちめることはしにくいので、この種の貼紙をしたところ、犯人がそれに腹を立てたらしくジュースを何本もぶちまけていったとか、いろいろこまごましやせめぎ合いがあることも聞かせてもらった。

あちこちで訊いてみたところでは、代金の不足は2～3割くらい、ときには4割くらいになることもあるという。

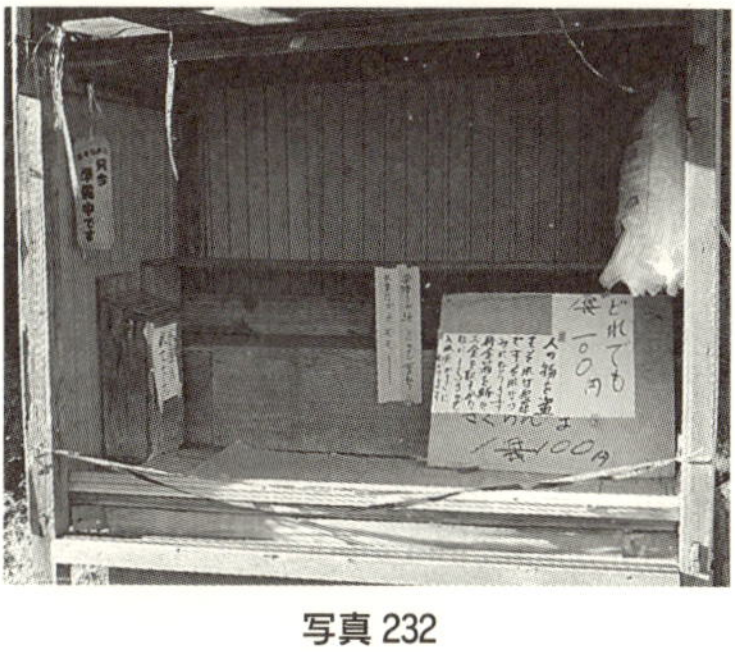

写真232

7　植物名の表示

①　ロビニア　フリーシア

山道町から弘前郵便局角に至る道路の両側にはハリエンジュとおぼしき木が全部で22本植えられており、それに樹名の標識が付いている。「ニセアカシア」（写真233）が1枚、「ロビニア　フリーシア」（写真234）が4枚（?）であるが、両者の間で葉、花、棘、樹皮についての違いは認められなかった。

この木はニセアカシア（あるいは単にアカシア）で通っているが、これは俗名で、正式和名はハリエンジュであるから標識にはこちらを記すべきで、ハリエンジュ（俗名ニセアカシア）ならよりいいと思う。このハリエンジュの学名はRobinia pseudoacacia L.（ロビニア　プソイドアカシア）で、種小名pseudoacacia（ニセアカシア）はリンネによる命名である。

参考文献に掲げておいた手持ちの植物図鑑などで調べてみた範囲内では、ハリエンジュ属にはアメリカとメキシコに約10種があるが、ロビニ

写真233

写真234

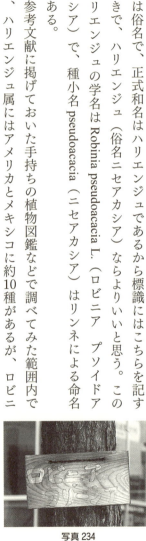

アフリーシアという学名は見当たらなかった。ただ、ここに植えられているハリエンジュは通常野生しているものに較べて葉の色が明るい緑黄色（通常は緑色）であることと、棘がやや少ない印象があり、野生のハリエンジュとは多少異なるものだと思っている。

この通りには他にメタセコイア3本、ウリハダカエデ2本、サトウカエデ、サクラ、シナノキ、アカイタヤ各1本と、私には分からぬ木が1本あった。ここの街路樹と標識を見回ったのは2010年であったが、それから4年あまり経って2015年春に確認に回ってみると、「ニセアカシア」のが1枚残っているだけであった。

② メタセコイア

右のロビニア・フリーシアの間にメタセコイアが3本混じっており、**写真235**はその樹名の表示である。この標識も今はなくなっている。

本種はセコイア属やヌマスギ属の絶滅種として知られていたが、1941年に三木茂が化石の研究からこれらの属とは異なる新種として発表し、奇しくもその年に中国四川省に生育しているのが発見され、生きている化石として有名になった。そこから採集された種子がアメリカで育てられ世界各地で栽培されるようになった。

日本でも昭和20年代の後半に苗木が販売され、当時中学生だった私は

写真235

さっそく2本購入した。庭に植えたそのうちの1本は20年ほどのうちに十数メートルにもなったが、ついに邪魔になって伐られてしまった。

ところでこのメタセコイアの表示だが、メタ（meta）○○は、○○に近い種というような意味で、この場合はセコイアという木に近縁であるからメタセコイアと名付けられたものである。したがってこれを2行に書くときはせめて「メタ　セコイア」とすべきで、この表示の「メタセ　コイア」では何のことか分からない。

前著で東北電力の電力線の線名表示で「アルカディア線」が横2行に「アルカ　ディア線」と書かれていた例を挙げた。「アルカディア」はひとつの言葉なのだから、書くスペースが足りなくてどうしても改行して2行に分けなければならないときは仕方がないが、そうでないときはなるべく1行で書くようにする方がいい。アルカディア線は7字で、これより長い8字の線名でも1行に書かれているものもある。どうしても2行にするなら「アルカディア　線」である。

メタセコイアにしろアルカディア線にしろ外国語の単語をカナ書きする場合、せめてどこで切るのが望ましいのかを知らなければならない。口はばったいようだが、そのためには植物学や西洋史の多少の知識が必要で、それがないから「メタセ　コイア」とか「アルカ　ディア線」などと書いてあっけらかんとしていられるのである。この樹名の表示の作成者は、「メタセ　コイア」を1行で書くと字が小さくなるから、2行にして3字ずつ格好よく配置したということであろうが、「メタ」のことも「セコイア」のことも全くご存知ないのである。

街路樹名の表示の作成に関係がありそうなのは道路維持課や公園緑地課であろうが、こういう部署に植物について知識のある者はいないのかなと思う。しかし、そういう適当な人がいないとしても、メタセコイアの表示を書くときは、これがどんな木であるかくらいは勉強してもらいたいものだ。アルカディアについても同様である。

③　トウカエデとサトウカエデ

写真236は弘前中央病院の前庭に数本植栽されている「トウカエデ」の標識である。一昨年献血バスで訪れた際に、ふと窓の外を見るとこの木に「サトウカエデ」と書いた札が下がっていた。その写真は撮り損ねてしまったが、唐カエデを砂糖カエデと勘違いしていたわけで、そういう間違い表示は他でも目にしたことがある。帰宅後両種の葉の形を描いて違いを説明した手紙を送ったところ、次回の訪問時には写真のように改められていた。

写真 236

写真 237

写真237の左がトウカエデ、右がサトウカエデである。前者は中国原産で1721年に中国から長崎に入り、現在は庭木や街

路樹として植えられている。後者は北米原産で葉はカナダの国章になっている。右記のハリエンジユの植えられている通りが中央通り（県道31号線）と交叉するところで弘前郵便局の横にも一本植えられているし、他の場所でも見かけることがある。メープルシロップが採れるからサトウカエデという名前を知っていても実物を知らない人が多いようだ。

④　弘前大学構内の植物名標識

7年前に書いた「気になる光景」で少し触れたことだが、また書いておくことにする。2004年に弘前大学は構内の整備の一環として植栽されている植物の数を増やし、かなりの数の標識を設置した。標識は縦24.5㎝、横33㎝厚さ2.7㎝の長方形で、これを長さ110㎝の支柱の上に2本のねじ釘で固定したものを土に打ち込んである。その植物の和名、学名、特徴、用途、原産地などが記されており、植物名などとんと御存知ない今時の学生諸君の頭を少しでも刺激したいということではないかと思うけれども、これにはむしろ丁寧すぎるくらいの内容である。

設置して4、5年ほど経った頃には、早くも雪の重みで全体が倒れたり、標識が支柱から外れて落下したものが散見されるようになり、それからさらに7、8年経った現在は満足な状態を保っているものは次第に少なくなりつつある。最初から全く関係のない標識が取り付けられているものもあったし、支柱から落ちた標識を元に戻す際に植物を取り違えたと思えるものなども結構あって、植物の専門家がいる筈なのになんとお粗末なことよという気がしている。

写真238は支柱から落ちた標識が根元に立てかけられているところで、裏返しに落ちていたり、落ちてからだいぶ時間が経っているらしく草に埋まっていたりするものもある。

写真239は標識と支柱の結合部分で、支柱の上部を16㎝×1.5㎝削ったところに標識を乗せ、うしろから2本のねじ釘で留めてある。**写真**240では標識が落ちた支柱の上部で、錆びたねじ釘の先端が6、7㎜ほどとび出ているが、釘の先端がほとんど見えないものもある。この所見からすると、用いているねじ釘の長さが短いために標識を十分固定出来ていなかったことが落下の原因だと考えられる。固定を確実にするためこれより長いねじ釘を用いた場合は釘先が表示面に出てしまう恐れもあって、そんな不様はできないと短めの釘を用いたのであろう。標識の裏板の厚さは1.0㎝だが、このようなやり方でしっかり固定するには不十分だと思う。つまりこの標識は最初から欠陥品であったと断ぜざるをえない。

写真 238

写真 239

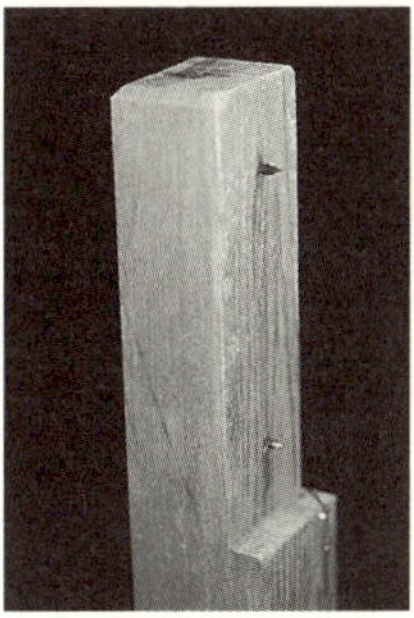

写真 240

標識はこのほかにもう1種類あり、これには写真241のように太い木の幹にやわらかい伸縮性のあるビニールチューブの紐で結わえたものと、写真242のように金属製の支柱上に載せたものがある。表示内容はかなり簡単だが、通常はこれで充分ではないかと思われる。

前者は紐が切れて落下したものは少ないが、他の標識の状況を見れば、一旦落下すれば拾い上げて結わえ直すようなことはしないだろうなと思う。後者は歩道際の比較的背の低い植物に設置されているために、寄せられた雪の重みや歩行者に踏みつけられたりで、表示が外れて支柱だけが立っていたりするものが多くなっている。写真243はその裏側の支柱と標識の結合部であるが、短い爪に引っかけて固定しているだけので、ちょっと衝撃が加わったり捩れたりすると外れやすいのであろう。

私は4年前まで犬の散歩などで2日に1回くらいは構内を巡っていたし、犬がいなくなってからも少なくとも週に1度くらいは回ってみることにしているか

写真 242

写真 243

写真 241

ら、これらの標識がどんな扱いを受けてきたかはずっと見てきた。

植栽された植物の方も同様で、場所が適切でなかったり、殆ど手入れをされぬままに消滅したものも多く、以前とあまり変わらない状況に戻りつつある。生き残ったのは植栽数を増やしたドウダンツツジくらいで、本種はむしろ多すぎる状況になったと思っている。構内の植物の管理についてはもっと見識をもった者を責任者にしてしっかりと継続的に行なわせるべきことを強調したい。

記載内容がときに間違っていることもある。**写真244**はタブノキの標識だが、下から3、4行目の「スウェーデンの植物学者ツンベルギーにちなむ」の「ツンベルギー」は「ツンベルク」もしくは「チュンベリー」としなくてはならない。誤りを指摘した葉書を大学の担当者に送り訂正してもらったが、構内にタブノキはもう1本あり、そちらの方はこの写真のように今も訂正されないままになっている。

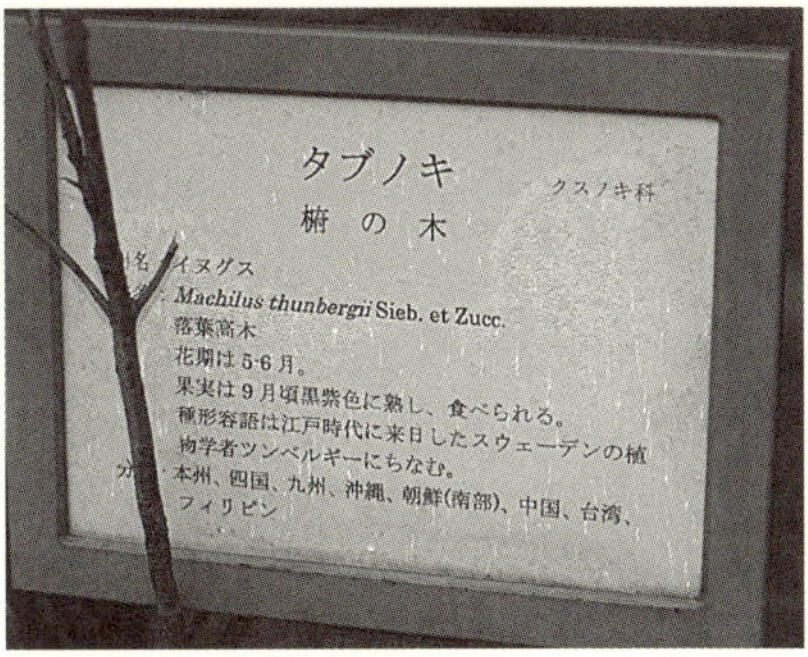

写真244

図27と**図28**は2015年4月時点で構内のどこにどんな植物があって、それらに付されている標識がどういう状態にあるかを見たものである。最初から標識の付けられなかった植物や、最

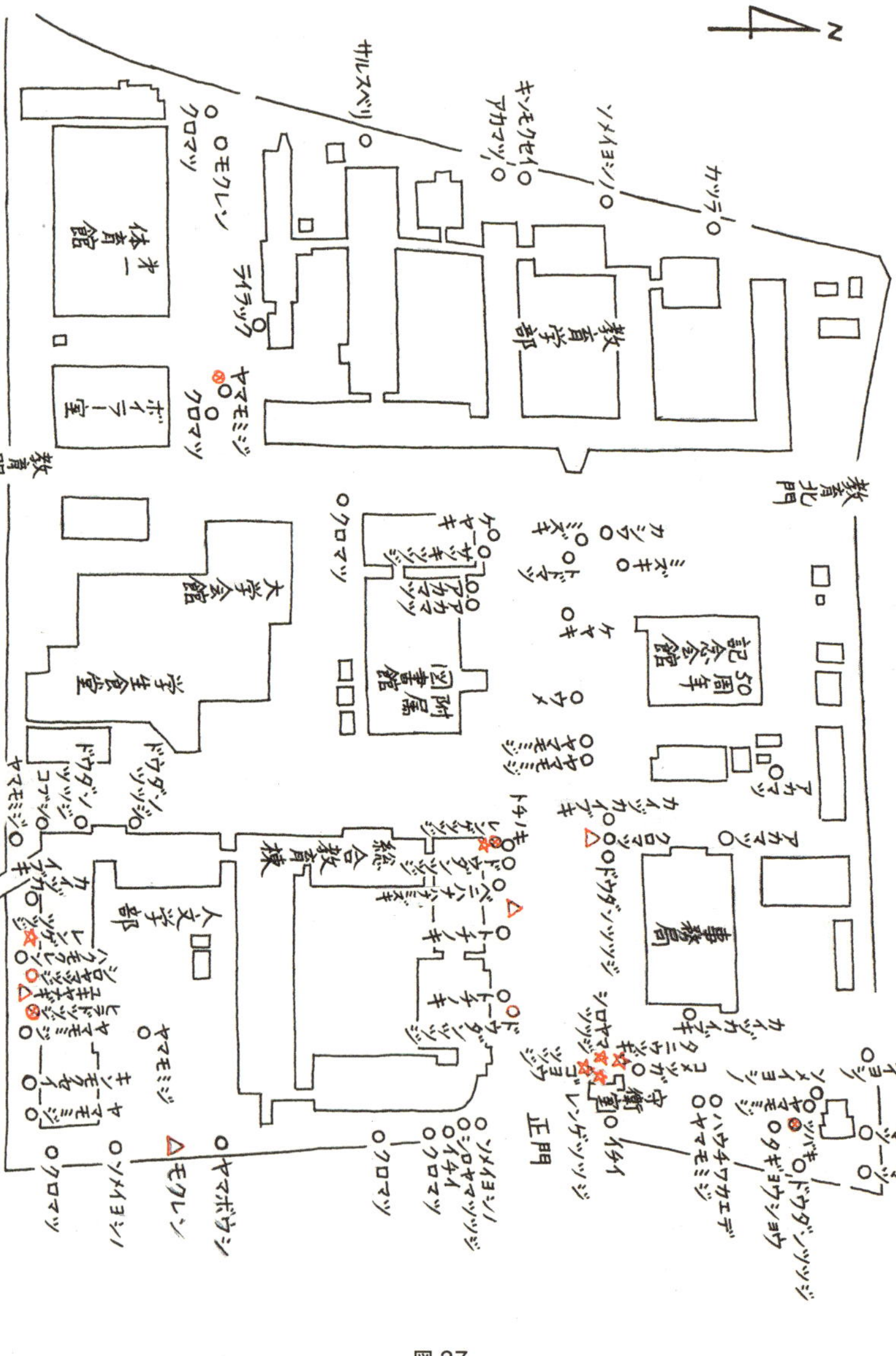

図 27

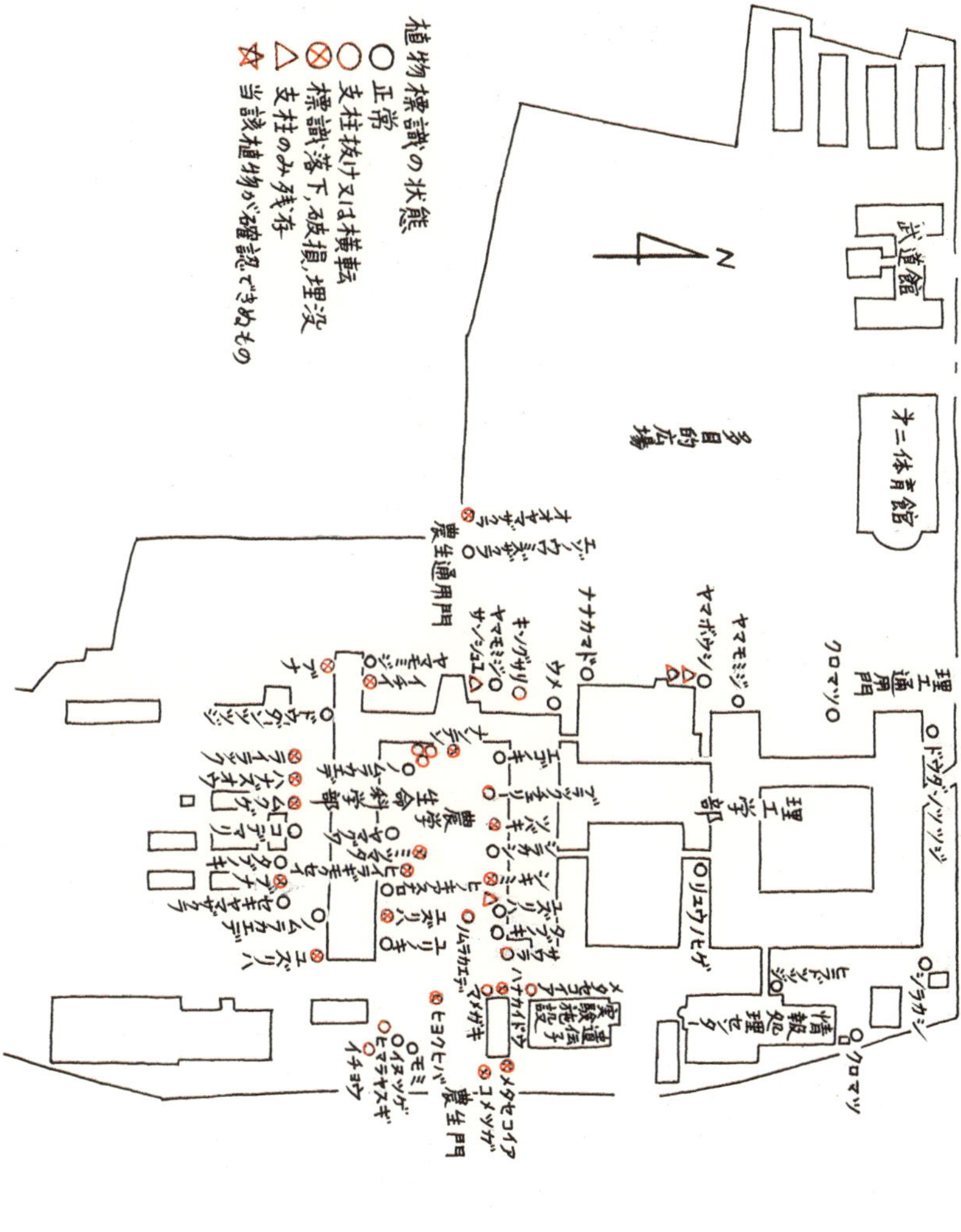
植物標識の状態
○正常
○支柱抜けヌは横転
⊗標識落下，破損，埋没
△支柱のみ残存
☆当該植物が確認できぬもの
武道館
多目的広場
第二体育館
理工通用門
理工学部
情報処理センター
農生通用門
農生門

図 28

初は付いていたかもしれない標識が跡形も無くなっているようなものは除外してある。

図28に示したように、○は標識が完全ではなくもほぼ立位を保っているもの、○⊗△☆は何等かの問題のあるものである。

○は標識を付けたまま支柱が抜けてその植物に立てかけられているものとか、横転しているものである。写真245は農学生命科学部の庭の奥の方の校舎の壁にオリーブとギンモクセイとアベリアの3本の標識がまとめて立てかけられているところである。植物そのものは健在で標識自体も傷んでいるわけではないのだから、設置し直してやればいいようなものだが、それすら面倒だというのであろうか。あるいは作業員がずぶの素人で、この3種の植物の特定すらできなかったということなのかもしれない。

⊗は標識が支柱から落下していたり、さらに破損、土や落葉に埋没しかけているようなもの

写真 245

写真 246

写真 247

写真 248

である。写真246は農学生命科学部前のキングサリで、落ちた標識を拾い上げて木の幹の間に挟んであるものだが、この状態をいつまで保つことができるか。写真247は農学生命科学部のヒヨクヒバで、落ちて根元に立てかけてある標識が落葉に埋まりつつある。このようなものは何枚もある。写真248は農学生命科学部の遺伝子実験室裏のコメツガで、標識が落下、破損、殆ど埋没していたものを掘り起こしてそれと確認したもの。外れたガラスや裏蓋の下はダンゴムシの住処になっていたりして、数年はこんな状態に放置されていたと思われる。

△はもはや標識は失われ支柱だけがさびしく残っているもの。

☆は標識はあっても当該植物が確認できないものである。守衛室横のゴヨウツツジとタニウツギは標識だけが空しく立っている。ミツバツツジ、ゴヨウツツジはそれぞれ3、5枚の葉が枝の先端に輪生する特徴があり、はじめはかなりの本数が植えられたが、歩道沿いに植えられたので踏みつけられたり雪の重みに耐えられなかったためもあってかかなり数を減らしてしまい、とくにミツバツツジは壊滅し標識も残っていない。ここのゴヨウツツジは標識だけだが、人文学部の南側の通路脇に6本、人文学部と理工学部をつなぐ渡り廊下の下に2本かなりいい状態で残っている。それらは通路際から少し離れたところにあって踏まれなかったためであろう。タニウツギの方は野山に自生していてそう簡単になくなってしまうようなものではないのだが、ツツジの中に生えてきた雑木として伐られてしまったのではないかと思っている。

総合教育棟の横のトチノキの根元には支柱から落ちたレンゲツツジの標識が固定されている

が、この近くにはレンゲツツジの姿はない。もう1カ所はボイラー室の前のヤマモミジである。幹に標識はちゃんと括りつけられているのだが、その根元にもう1枚同じ標識が裏返しになって落ちていた。うっかりして同じものを重複してつけていたと考えられないわけではないが、どこかに落ちていたものを拾ってきてここに置いたのかもしれない。

標識の数にも疑問を感ずる部分がある。クロマツは11枚、赤松は5枚だが、日本人なら誰でも知っている樹種にこんなに設置する必要があるか。2本並んだクロマツの両方に付いているところさえある。「サクラ染井吉野」も5枚あるが、サクラといえばどこへ行ってもソメイヨシノというほどありふれた存在だから、これもわざわざ付ける必要もないと思う。それになぜこれだけが「サクラ染井吉野」と特別な書き方になっているのか分からない。

カエデ類ではヤマモミジが12枚ある。しかし、植物図鑑を見ると、平凡社の「日本の野生植物」ではオオモミジ、保育社の「原色日本植物図鑑」ではタカオカエデの項で触れられている程度で、はっきりした単一の種としての扱いではない。ヤマに自生しているモミジというような漠然とした呼称ではないかと思う。

ツツジ類ではドウダンツツジが8枚ある。当初はこの2倍くらいの標識が立てられたのではないかと思うが、歩道脇に設置されているものが多いから破損して失われてしまったものもかなりあり、その支柱だけがあちこちに残っている。ミツバツツジとゴヨウツツジは右に述べた。他にシロヤマツツジ3枚、ヒラドツツジ2枚、レンゲツツジ1枚が残っている。正門横のシロヤマツツジの標識には「紅色系が多いヤマツツジの中で白い花をつけます」とあったが、花期に来てみると赤い花が咲いていたし、花や葉の様子からヤマツツジでないことは確かである。ずっと確認せぬままだったんだね。守衛室横のシロヤマツツジの標識のあるところにはサツキツツジがあった。人文学部横のだけは小さい葉と白花からシロヤマツツジかと思われた。また、この近くのレンゲツツジの前に立てられている。ヒラドツツジは「日本の野生植物」にケラマツツジとキシツツジの雑種のひとつとしての記載があっただけで、こういう品種をわざわざ取り寄せて標識を付けたことの意味も分からない。

カイヅカイブキが3枚あり比較的よく知られている名称であるが、植物図鑑にはこの名称は見当たらない。「イブキ」のままでよくはないか。総合教育棟の横にベニバナハナミズキのハナミズキは俗名で、正式和名はアメリカヤマボウシである。また、花色の異なる単なる園芸品種程度のものまでこのようにいちいち「ベニバナ」などを冠する必要もないだろう。

2枚の標識の分布図を眺めて見ると、とくに人通りが少ない農学生命科学部の周辺では全体の6割超が赤で、ひどい状態になっている。

標識は設置された後は殆どほったらかしのようで、落下、横転したりその植物が死滅したあと、しばらくしてたまに原状回復をしようとしても、その植物の名前を知らぬ者が作業をすれば、こういうめちゃくちゃな状態にならざるをえないことは明白である。でたらめな教材で学生を教育しているようなものである。そもそもどういう意識をもってこの事業を行ったのだろうか。現状を見ると、これは一時的なパフォーマンスにすぎず、あとはどうなろうと知ったことではないというような感じがするのである。10年あまり前にこの事業に携わった人たちはどういう思いで眺めているのかと思う。反省を求めたい。

引用文献

1　本田總一郎、「新集家紋大全」、昭和62年、梧桐書院
2　渡辺三男、「日本の紋章」、昭和51年、毎日新聞社
3　泡坂妻夫、新潮選書、「家紋の話」、1997年、新潮社
4　武光誠、文春新書011、「名字と日本人」、平成10年、文芸春秋社
5　山田幸一、ものと人間の文化史45、「壁」、1981年、法政大学出版局
6　山田幸一、物語ものの建築史、「日本壁のはなし」、1985年、鹿島出版会
7　沢渡歩、「豊の国の鏝絵」、季刊「銀花」第49号、昭和57年、文化出版局
8　日比野秀男監修、「伊豆の長八」、2015年、平凡社
9　村上善男、「北奥百景」、1988年、用美社
10　大西彬、「顔を探しに」、2005年、路上社
11　大西彬、「気になる光景」、2008年、路上社
12　大西彬、「三佐木町枝線」、2011年、路上社
13　赤瀬川源平、ちくま文庫、あ101、「超芸術トマソン」、1987年、筑摩書房
14　「クイックマップル青森」、2005年、昭文社

15　同右付録、ワイド版折りたたみ地図「弘前」、2005年、昭文社
16　「青森県都市地図」、2000年、昭文社
17　内田宗治、「ゼンリン　住宅地図とネット地図の秘密」、2014年、実業之日本社
18　「県別マップル2、青森県道路地図」、2012年、昭文社
19　「新あおもりマップ」平成18年、東奥日報社
20　「ユニオンマップ　My Road　東北」、1990年、国際地学協会出版部
21　楠原佑介、幻冬舎新書241、「この地名が危ない」、2011年、幻冬舎
22　長辻象平、角川選書353、「釣魚をめぐる博物誌」、平成15年、角川書店
23　北村四郎・村田源、「原色日本植物図鑑」、木本編、昭和54年、保育社
24　佐竹義輔・原宽・渡俊次・富成忠夫、「日本の野生植物」、木本（I、II）、1989年、平凡社
25　週刊朝日百科「世界の植物」1〜145、1997年、朝日新聞社
26　週刊朝日百科「世界の植物」1〜120、昭和53年、朝日新聞社
27　平嶋義弘、「学名の話」、1989年、九州大学出版会
28　芥川比呂志、「サー・ジョンについてのお喋り」、日本の名随筆、別巻79「会話」、1997年、作品社
29　日本の名随筆、別巻32「散歩」、1993年、作品社

30　金田一春彦・池田弥三郎編、「学研国語大辞典」、昭和55年、学習研究社
31　藤堂明保編、「学研漢和大字典」、昭和55年、学習研究社
32　歌田明弘、ちくま新書871、「電子書籍の時代は本当に来るのか」、2010年、筑摩書房
33　福嶋聡、ポプラ新書、「紙の本は、滅びない」、2014年、ポプラ社
34　古沢和宏、ちくま文庫、み49 1、「痕跡本の世界」、2015年、筑摩書房
35　内館牧子、朝日新書413、「カネを積まれても使いたくない日本語」2013年、朝日新聞出版

おわりに

私は1997年に長年勤めた国立弘前病院を辞したあと、青森県指導医療官として青森県庁に出向した。2000年に退官したあとは青森県赤十字血液センターの検診医として月10日ほど勤務している。あとの20日ほどは暇であるが、私は趣味がいろいろあるので、やることはいっぱいあって暇を持て余すというようなことはまずない。

国立病院時代は多忙な中、寸暇を惜しんで魚の骨で遊び、その結果は「鯛のタイ」（1991年、草思社）、「魚のあたま」（1998年、文芸社）として出版した。その後に出した5冊中4冊は暇にまかせて歩きまわった街歩きでのウオッチングによるものである。

懲りずにつまらぬ本を出し続けているのは、自分なりに面白いと思って続けたことが、終わってしまうと跡形なく消えてしまうことが淋しいからで、それを形にして残しておきたいと思うからに他ならない。べつに多くの人に読んでもらいたいなどと思ってのことでもない。しかし、結構読んでくれている人もいるのかなと思えることもある。それは、「気になる光景」に収載した「気になる表示」に収載した立て札のうち、出版後1年ならずして撤去されるか新たな文面に書き替えられたものがかなりあったからである。何年もそのままになっていたものが短期間で急に姿を消したというのは、表示の主が本を見たか、本を読んだ人を通じて主の耳にも入ったからではないかという気もするのである。それと、私は年賀状を出さないので、その代わりに3年に一度くらい本が出来たらそれを送って、元気にやっていることを知人に知らせようというのも目的の一つである。若い頃は人並みに年賀状を出していたのだが、多分に凝り性なので、新年にあたりこの人には何と書こうかと考えているうちに、一枚もかけぬままに一日が終ってしまうこともあり、苦痛の年賀状書きはやめることにしたのであった。

本が出来た時はほっとすると同時に嬉しいのは当然だが、時が経ってから読み返してみるのもオツなものである。再開発で消えてしまったあの情緒の感じられた街並みの事や、あそこにあったあの珍奇な表示はまだ健在だろうかとか、ここはこう書いたがもう少し別な表現の仕方もあったかななどと、いろいろと思いを新たにしながら読むのはなかなか懐かしく気分がいいのである。

この本は私の8冊目の出版になる。最初の「鯛のタイ」のあと大体3年毎になっているが、このペースは意識してやっているわけではない。楽しんでやっていたことが一段落して本にしたあと、また別なテーマを探して遊んで本にしてを繰り返しているうちにこうなったのである。前著「三佐木町枝線」だけは急に思い立ってやりはじめた例外だが、次に何をやるかは1、2年くらい前から心掛けるようにしていて、さまざまに思いつくテーマの中から、ある程度の広がりをもっていて2－3年くらいは興味が続きそうだと思えるものを選ぶことにしている。

今回は今までとは違って4年ぶりの出版になった。2014年春、ウオッチングに出かけるにはいい季節になった、前年歩いた旧岩木町の残りと弘前の石渡以北を片付けようと思っていた矢先、6月に帯状疱疹に罹ってしまった。主症状たる有痛性疼痛は数カ月ないし年余に及ぶこともあるようだが、2010年にリリカという末梢性神経障害性疼痛治療薬が保険適用になったおかげで痛みは軽く経過し、秋口には歩きを再開することができた。

弘前市は2006年の岩木町と相馬村との合併により面積は1.9倍くらいに大きくなったから、蔵を探しにこの全域をくまなく歩くのはちょっと難儀かなと思っていたが、実際に歩いてみるとそれほどたいしたこともなかった。なんだこんな程度だったのかという感じである。私は車を持たぬ主義なので普段からある程度長距離の歩きに慣れていることもあるし、子供の頃からずっと弘前に住んでいるので、今までいろんな機会に耳に入ってきた些細な情報の蓄積で、一度も行ったことのないところでも大体どんなところかくらいはある程度イメージできるような気がしていて、実際にそこに行くと何となく懐かしさのようなものを感じながら歩くことができるからかもしれない。

農村部で蔵を探して歩きまわっているといろいろなことが思われる。蔵そのものは一部を除いてもはや役割を終えた存在で、もうそれは如何ともしがたいことだが、その蔵がそのまま何にも利用されず窓際族のように佇み、ただ崩落を待っているような姿には耐えがたいものがある。それが大きく豪華な造りの蔵だったりするととくにその感を深くするが、すぐ横に農家らしからぬ新建材のしゃれた住宅が建っていたりすると、そのあっけらかんとした明るさにある種の腹立たしさのようなものを覚えさえする。

蔵はともかくとして、いたたまれない気がするのは農村部の過疎化である。住宅、庭木、庭石、生垣などの好ましいたたずまいから、かつては何代にもわたってそれなりに安定した生活が営まれていたと思われる屋敷が、今は空き家になってひっそりとして緑の中に埋もれつつある、そんな光景がそこかしこに見られるようになった。

すべてでグローバル化が進み、今進行中のTPP交渉でも妥協に妥協を重ねて農業者の立つ余地が極端に狭められて、あと20年、30年と経てば人影もなくなり、リンゴ園は荒れ放題、田や畑も草に覆われ雑木が侵入し原始の姿に戻ってしまいそうな不安を覚える。

近年は全国的に「街歩き」が注目されるようになり、2012年11月3、4日には、弘前で「第2回日本まちあるきフォーラム」が開かれた。これはまちあるきを観光資源として利用・推進しようとする取り組みで、前日の2日にはフォーラムに参加する約50人が事前プログラムの街歩きコース「弘前公園」と「中心街」の2コースを回ったという。まあはじめて訪れたところではあらかじめ下調べなしには何も分からないから、手っ取り早くその手の案内に頼らざるをえず、大方の観光とはそんなものであるのはある程度仕方のないことではあるのだが。

散歩と街歩きは多少意味は異なるが、本来は、どちらも「とらわれることなく気ままに街を歩くこと」が基本的な精神である。しかるにこの「まちあるきフォーラム」の「まちあるき」の方は地域の観光・経済的活性化に取り組む人たちが、面白さを感じてもらえそうなコースをあらかじめ選定しておいて、旗を立ててそこへ観光客を案内するものであるから、観光客は歩かされている（受身の街歩き）という違いがあり、本来の街歩きとはかなり距離があるといえよう。私がやっているのは本来の積極的街歩きである。

さて、どこかに面白いものは転がってないかと街を歩いていると結構いろいろなものに出会う。面白いものといっても実にさまざまである。看板や立て札などの類で、並みの出来でそれなりに役割を果たしているものは、おりこうさんだが、べつに面白いわけでも何でもない。「なるほど」、「上手い」、「さすが」と思わせるところがなくてはならぬわけで、これはなかなか難しい。滅多なことではお目にかかることはできないだろう。

よくあるのはこれとは反対の作者のへぼ、無知、うっかり、思い込み、思い違い、早とちりなどによって無意識に生まれる迷作で、いかにもおちょくりを待っているような雰囲気すら感じられる。こんなうかつな文言を書いてよく平気でいられるな、こんな調子では、何か仕事の交渉で契約書を交わすときなども騙されたりつけ込まれたりする危険があるのではないかなどと他人のことながら心配になることもある。

これらは殆どが単発の一発芸、瞬間芸、寸劇といったようなものだが、同類はもっとありそうだ、まあそれほど面白いというわけではないが、かなりの広がりをもっていて、手間はかかるがもっと探してみようかと思えるものもある。

遊びの第一段階はその文面の「至らなさ」をひやかすことだが、第二段階はそこから呼び起される様々な荒唐無稽な想像で、ここは見る側の実力の如何も問われるところかもしれない。おかしな表示はひやかしのみならずさげすみの対象にもなりうるけれど、こういうものの見られない街というのは無味乾燥でつまらないだろうなと思う。世の中にはこの種のものはたくさんあって、駄洒落や奇妙なパフォーマンスを繰り返すお笑い芸人などと同様に、巷の潤滑剤もしくは緩衝材としての役割の一端を担っているのだろう。

ひやかしてばかりいるのでは申し訳ない、少しは世の中にたいして役に立つ発言をせねばと思ってまとめたのが「道路案内標識板」の項である。論理には多少の無理があり強引のそしりを免れぬことは承知しているが、なにとぞその意とするところをご理解願いたい。

最後にまた飼犬ふみのことを書いておく。前著「三佐木町枝線」が出来あがったのは2011年夏であったが、それから程なく10月31日にふみは死んだ。前にも少し触れたが、15才になってあちこち老化現象が進んで、耳はほとんど聞こえなくなり、散歩などで顔見知りの人に出会っても知らぬ態だし、食べ物を要求して女房にも歯をむき出して吠えかかるようになるなど、この頃になってボケが急速に進みつつあった。

それより2年ほど前からは腰背部の皮膚病変を繰り返すようになっていた。始めは小さい発赤が、1－2日で指頭大になり、数日で円形に脱毛、湿潤、痂皮化した。病変の所見から糸状菌感染であろうということで抗真菌剤を投与すると比較的速やかに治癒し、2－3週間で投薬を中止する。それが2－3ヶ月もするとまた同じことを繰り返していたが、最後の2カ月くらい前からは薬は効かなくなり腰部は大きな糜爛面を形成した。かかりつけの動物病院では何かのアレルギーではと言われ検査を受けたがはっきりしなかった。静岡で獣医をしている娘に相談したところ別な動物病院を受診するよう勧められ、そこで検査を受けたところクッシング症候群であることが分かった。

当然のことながらこの疾患はヒトでも稀ではない。腎臓の上にある副腎からの副腎皮質ホルモンの分泌が過剰になることで、糖尿病、高血圧、消化器潰瘍、骨粗鬆症、白内障等々様々な疾患を惹き起すもので、感染症の誘発もそのひとつである。

もう少しだけ詳しく話すと、副腎は脳下垂体から分泌される副腎皮質刺激ホルモンの支配を受けていて、そのホルモンの分泌量に応じて副腎皮質ホルモンの分泌量を変化させているのだが、脳下垂体とは関係なく副腎機能が亢進して副腎皮質ホルモンの分泌量が異常に高まる場合もある。検査の結果、ふみの場合は前者、つまり脳下垂体からの刺激ホルモンの量が高まっていることが分かり、それを抑える薬をもらってきたのであった。

翌日は普段通り朝早く散歩に出かけた。以前のように遠くまで出かけることはなくなっていたが、それでも20－30分くらいは弘前大学の構内を歩いたり走ったりして帰ってきた。あれから4年近く経っているので時間の記憶が曖昧になってしまったが、その薬を飲ませて2－3時間ほどしてふらつきはじめ、程なく部屋の真ん中にどかっと横たわり、終焉まで3時間ほどそのままであった。何度か失禁し、ヒトと同じく、大きな呼吸（クスマウルの大呼吸）がしばらく続いたあと喘ぐような小さい呼吸（下顎呼吸）になり、終わった。

遺体は翌日弘前市斎場にて荼毘に付した。あまりに急で涙も出なかった。申し訳ないが、当分はボケ犬の介護をしながら過ごさねばならぬなと覚悟していたので、正直なところ幾分ほっとした感じもした。

それほど悲しいというわけではなかったが、存命中は大体決まった時間に毎日3回、少なくとも計1時間半くらいは一緒に散歩していたので、それがなくなってその時間帯が手持ち無沙汰のような感じであった。そうこうするうちに私は体調が狂い始めた。まず、体がややだるく食欲が減退し、ずっと56kg程度を維持していた体重がたちまち52kg程度まで落ちた。多少吐き気もあったが、吐くことはなかった。めまいは十数年前から消長をくりかえしているが、これまでになく強くなった。夜は体がほてってよく眠れなくなったり、手指の震顫で字が下手になったり細かな手仕事がしにくくなった。あれやこれやでやる気が薄らぎ献血バスでの仕事も一時休まざるをえなくなった。悲しいとか寂しいという気はせず、ただ可愛かったな、よく尽くしてくれたなと思うだけであったが、今にして思うと、私も人並みにペットロス症候群になっていたのであろう。生活のリズムを元に戻すことから始めなければと、努めて散歩などに出掛けるようにしたりして、2カ月ほどで何とか仕事に復帰することができた。

寂しくはないなどといっても、自分にそう思い込ませようとしているのかもしれない。今でも読書したりパズルを解いたり何か仕事をして一段落して背伸びした時など、思わず「ふーみー」と声を出しそうになってハッとすることが時々ある。傍らのソファーにいるふみが頭を上げてこちらを見ているようなイメージが浮かんで消える。また、ふみの前のチロの時代を含めてこの30年程は、出勤の時はもちろんだが帰宅すると必ず彼等が跳び出してきて迎えてくれた。今は女房が出てきて「おかえりなさい」

といわれると、少々照れくさいような妙な感じがして、こういう感覚はいつになったら薄らぐものかなと思ったりもしている。

また犬を飼いたいという気持ちが時々強くなり、抑えきれずに飼ってしまっている自分を想像することもあったが、それはようやく諦める決心がついた。飼い犬の平均寿命は15才ほどに延びている。私も76才なのでこれから仔犬を飼えば90才位まで生きなくてはならず、飼い主としての義務を果たすことが困難になるだろうからである。今は散歩の折に行きあった犬にちょっかいを出しつつ気持ちをまぎらわせている。

犬の命は本当に短くて、馴染みの犬たちもこの僅か4年ほどのうちにだいぶ少なくなってしまった。隣の工藤さんのプリンちゃん、Uマート裏の三上さんのごんた君、奈良印刷の小太郎君（今は2代目小太郎がいる）、コタン美容院のルーク君、ヘアーサロン・ナリタのぺろちゃんらみんな逝ってしまった。そのほか名前は知らないが親しい犬はたくさんいて、みんないい子だったよ。

（2015年　初秋）

著者略歴

大西　彬（おおにし　あきら）1939年生まれ。

弘前高等学校、弘前大学医学部卒、小児科学専攻。

国立弘前病院小児科医長、青森県指導医療官を経て2000年退官。

現在、青森県赤十字血液センター医師。

郵便番号：036-8223　現住所：弘前市富士見町７－12

著書「鯛のタイ」（1991年、草思社)、「魚のあたま」(1998年、文芸社)「青森県のマンホールの蓋」（2001年、路上社）「この国は何の形？」（2003年、路上社)、「顔を探しに」(2005年、路上社)、「気になる光景」（2008年、路上社）「三佐木町枝線」（2011年、路上社）

隅切り・蔵・道路案内など

2016年１月20日　第１刷発行
（定価はカバーに表示）

著者　大西　彬

発行者　安田俊夫

〒036-8361　青森県弘前市紺屋町219
出版・編集・企画　路上社
電話 0172-36-8858　FAX 0172-36-8865
ISBN978-4-89993-072-3 C0036 ㈲小野印刷所

小社の本は（地方小出版流通センター）扱いで注文可能です